매달린 그림

매달린 그림 - 안수진 에세이
ⓒ 안수진 2024

초판 1쇄 발행 2024년 5월 24일

지은이 안수진
펴낸이 홍예지
편집 홍예지
디자인 윤선호

펴낸곳 아름다움
출판등록 2018년 1월 8일 제2024-000054호.
주소 06233 서울특별시 강남구 강남대로84길 23, 제1214호
전자우편 areumdaumbooks@gmail.com
팩스 02) 6008-6477
홈페이지 areumdaumbooks.modoo.at
인스타그램 @areumdaumbooks

ISBN 979-11-91304-17-6 (03810)

이 도서의 판권은 지은이와 아름다움에 있습니다. 이 도서 내용의 전부 또는 일부를 재사용하려면 반드시 양측의 서면 동의를 받아야 합니다.

매달린 그림

안수진 에세이

프롤로그

그림이 재미있어지는 순간

내가 그림을 그리고 싶은 순간은 그림을 그리지 못하는 상황에 있을 때다. 이 글을 쓰는 지금, 나는 몹시 그림이 그리고 싶다. 학창 시절 시험을 앞두고 공부를 하고 있으면 꼭 소설책이 보고 싶었던 것처럼, 글을 쓰면서 더 간절하게 그림이 그리고 싶다. 그래도 글을 쓰면서 다시 그림이 그리고 싶어진 건 정말 다행이다. 일 년에 한 번 개인전이 끝날 때마다 내 모든 것이 소진된 기분이라 다시 그림을 그리기까지 새로운 에너지와 열정이 필요했다. 그런데 올해 작정하고 글을 써 보면서 그 에너지를 받고 있다. 현재는 근거 없는 자신감에 그림을 그냥 뚝딱 그릴 것만 같다. 사실 어떤 확신도 없다. 그냥 빨리 그리고 싶다.

　나는 글을 쓰는 동안 그림을 그릴 때보다 더 나를 구석으로 몰아붙이는 것 같다. 아마 글에 대한 자신이 없어서 그럴 거다. 그래서 더 나를 갈아 넣고 있는지 모르겠다. 60일간 매일 글쓰기는 내가 온전히 바라서 정한 규칙이었다. 그것으로 나는 그림이 더 간절히 그리고 싶어졌다. 개인전을 준비하면서 또 다른 어려움과 힘듦이 분명히 있겠지만, 나는 앞으로의 개인전이 기대된다. '글이 지나간 자리에 내가 그리지 못한 미래의 그림이 어떻게 와 줄까?' 라는 상상은 나를 즐겁게 한다. '내가 만든 세상은 사람들에게 어떻게 보여질까?' 라고 생각하면 가슴이 뛴다. 지금의 흥분 앞에서도 걱정은 된다. 미성숙할 수도 있는, 사적인 내용만 가득한 글에 공적 책임감은 있는 걸까? 차라리 내가 없는 완전한 소설이라면 이 글을 쓰는 마음이 무겁지 않을 텐데 말이다. 한때 소설가를 꿈꿨던 내가 소설이 아닌 에세이로 글을 쓸 거라고는 한 번도 생각해 보지 않았는데, 참 아이러니하다. 그림을 그리면서 작가노트를 쓰기 때문일까? 이제는 소설보다 에세이가 더 재미있다.

그냥 나는 대책 없는 사람이다. 나에겐 단기성 계획 외에는 필요하지 않다. 그때그때의 상황과 기분에 따라 유동적으로 변하기 때문이다. 모든 것이 재미있거나 즐거우려면 그 일에서 떨어져 일정한 거리를 유지하는 과정이 필요한 것 같다. 더 급한 일이 있어서 지금 하면 안 되는 일을 몰래 하는 것은 짜릿한 쾌감마저 준다. 여기에 청개구리 심보가 더해진다. 이 즐거움이 공포스러운 결과를 앞에 둔 후회와 통곡의 전주일지 모르겠지만.

과거에 처음으로 그림이 재미있어진 순간을 떠

올린다. 그림을 처음 배우고, 하얀 종이를 대면한 날 비가 내렸다. 창 밖으로 앞이 보이지 않을 만큼 비가 쏟아졌다. 뿌연 비의 풍경과 소리들이 잔잔하게 퍼지고 감성 돋는 음악이 들렸다. 굳이 내 손이 그림을 그리지 않더라도 내 마음이 처음으로 편안해지고 안심이 되었다. 그 시간의 끝을 잡고 놓지 않으려 했다. 그날 나는 그림을 사랑하게 되었다. 당시에는 어려서 그 가슴 벅찬 감정을 몰랐다. 그저 목적이 있어서 배우러 왔던 그림이 지친 나를 위로하며 내 마음을 가만히 들여다보게 했다. 그래서 아직도 나는 그림을 그리고 있는지 모르겠다. 그 편안한 마음으로 나를 스스로 돌볼 수 있길 바라며.

차례

프롤로그 그림이 재미있어지는 순간　　　　　　　5

1부
나를 돌보다　　　　　　　　　　　　　　　13
일상의 조각을 모아　　　　　　　　　　　16
그림자　　　　　　　　　　　　　　　　　18
반그림자 이야기　　　　　　　　　　　　20
그림으로 명상하기　　　　　　　　　　　22
안쪽으로　　　　　　　　　　　　　　　24
붉은 꽃　　　　　　　　　　　　　　　　27
깔리 여신에게 올리는 기도　　　　　　　29
감각하기　　　　　　　　　　　　　　　31
감각　　　　　　　　　　　　　　　　　33
나는 살아 있다　　　　　　　　　　　　36
나를 위해 춤추라　　　　　　　　　　　38
작업의 출발　　　　　　　　　　　　　　40
다람쥐로 살아 보자　　　　　　　　　　43
다행이다　　　　　　　　　　　　　　　46
비상구　　　　　　　　　　　　　　　　47
위로　　　　　　　　　　　　　　　　　49
예술은 삶을 어떻게 바꾸는가　　　　　　51
창작의 유희　　　　　　　　　　　　　　53
멋대로인 순간　　　　　　　　　　　　　57

2부

단어 놀이	61
나에 대해 알지만	63
공부란 무엇인가	65
이야기된 고통	67
죽음	69
어둠 속 음악회	71
예술가, 예술강사로 살아가기	73
동네방네 행복한 생활예술 공동체	75
사이의 시간	78
2020년 4월 3일 금요일	80
흘러가는 대로	84
고유한 속도	88
고유한 자산	90
가족의 애증	93
어린 나는	96
몸의 시간	98
완결	100
내 자리	102
오늘 만나는 사람	104
댄스	107
몸의 진화	109
에필로그 글을 마치며	112
부록 그림	117

1부

나를 돌보다

생각은 많았지만, 내 생각을 정리하는 것은 쉽지 않았다. 나이가 거의 반백이 되고 나서야 정신이 번쩍 들면서 나의 생각들을 글로 정리해 보고 싶었다. 분명 내 글이 완벽하지도, 완결되지도 못할 거라는 것을 안다. 하지만 글을 쓰고 싶었다. 글쓰기를 통해 나를 이해하고 돌보고 싶었다. 나를 위해 좋은 음식을 사 먹고, 예쁜 옷과 보석을 사고, 문화 생활을 하고, 여행을 가는 것으로는 만족하지 못한다는 것을 알았다.

올해 나는 나를 위해, 내가 원하는 것을 하고, 나를 돌보며 살기로 했다. 나를 돌보는 일이란 무엇일까? 왠지 마음에 큰 용기가 필요할 것 같다. 돈도 들고, 얼굴에 철판을 좀 깔아야 할 것 같다. 조금은 이기적으로 뻔뻔해져야 할 것 같다. 올해 토요일마다 가는 몸인 학교에 등록했다. 아직 두 번밖에 하지 못해 정확하게 무엇을 배우는지는 모르겠다. 다만 4시간 동안 가만히 누워 나의 몸을 들여다보고, 움직임을 연습하는 시간을 가졌다. 처음 느낀 것은 휴양을 온 것 같은 편안함이었다. 그리고 내 안의 에너지가 조용히 채워지는 것을 느꼈다. 아직 수업을 더 받아야 되겠지만 이런 몸의 변화가 나의 불안과 불면증에 도움이 될 수 있었으면 좋겠다. 이제 가만히 누워 있는 것도 연습이 필요하다는 것을 알게 되었다. 그렇게 나는 글을 쓰고, 내 몸의 움직임에 귀를 기울이며 나를 돌보게 되었다.

이 변화를 계기로 나의 산만한 정신이 어디를 헤매든지 빨리 돌아와 나를 찾아 주었으면 좋겠다. 몰입을 방해하고 나를 자극하는 도파민을 해독하고, 나에 대해 하나하나 알아 가면서 내 안에 똬리를 튼 부정적인 생각들이 사라졌으면 좋겠다.

생각은 마음먹기에 따라 정리할 수 있을 줄 알았는데 아니었다. 생각은 바람 같아서 머무르지 않고, 너무 멀리 또는 가깝게 흩날리고, 흔적도 남기지 않거나 흔적을 숨긴다. 그래서 생각을 정리하기는커녕 놓치기 일쑤다.

어떻든 간에 나는 있는 그대로의 나를 사랑하고 돌보기로 했다. 그럼으로써 온전히 혼자라도 괜찮은 사람이 되고 싶다. 나 스스로 행복하지 못하면 주변인들에게 기대고 피곤하게 하거나 괴롭힐 수 있기 때문이다. 나의 의존 욕구를 채우기 위해 내가 아닌 가족에게 기대면 나는 또 나의 원가족에게서 받았던 마음의 상처와 실망을 반복하게 될 것이다. 내가 나를 보호하고 돌볼 자유가 있는 것처럼 나의 가족도 같을 것이라 생각하기에 혼자라도 괜찮은 사람이 되고 싶다. 나로 사는 동안 내가 좀 편해졌으면 좋겠다. 누군가에게 휘둘리며 눈치 보는 것이 아니라 사회적 민감도를 완전히 떨어뜨리고, 내 안으로 들어가 나만 사랑해 보기로 했다. 그러고 나면 다시 무슨 생각이 들까? 나는 내가 궁금하다.

일상의 조각을 모아

인생은 시간처럼 붙잡아 둘 수가 없다. 그래서 흘러가는 나 자신에 대해 더 알기 위해 나를 형성하는 기억 조각들을 수집하고 맞추며 기록하는 것이다. 이 글쓰기를 통해 과거와 현재의 조각들을 끌어모아 지난 나에게서 벗어나고, 다시 새롭게 태어나고 싶다.

  많은 사람이 사소한 것이라도 자신과 관련된 정보들을 모으는 것에서 큰 기쁨을 느낀다고 한다. 그래서 초등학교에 들어가면 일기를 강제로 쓰게 했나 보다. 나이 들어 보면 어른들 말이 틀린 게 없다더니, 이럴 줄 알았으면 일기를 그만두지 말고 계속 쓸걸 그랬다.

  과거에 친구들과 어울려 흔히 했던 농담들도 이제는 전혀 생각나지 않는다. 과거가 희미하다. 기억해 내려고 애를 써야 겨우 한 조각 생각날까 말까 하다. 점점 일상이 단조로워지면서 어제가 오늘 같고 오늘이 내일 같게 느껴진다. 하지만 단조로운 루틴에 마음은 더 편해진다. 일기는 쓰지 않지만 인스타그램에 조금 특별한 일상이나 맛있게 먹었던 음식, 여행 사진, 내 전시

소식 등을 올리는 것으로 일기를 대신한다. 올려 둔 과거의 사진에서 나는 누구와 함께 있었고 어떤 기분이었는지를 짐작할 수 있다.

　　나에게 기록은 나로부터 다시 태어나기 위한 기초 과정이다. 기록을 통해 나에 대한 새로운 깨달음이나 이전에 알지 못했던 결론을 도출할 수 있다면 현재의 복잡한 마음 상태에 대한 해방구가 되기도 할 것이다. 그래서 나는 지금 글을 쓰는 것이다.

　　새로움은 그냥 오는 것이 아니다. 의식적으로 그것을 추구하고 선택하는 사람에게만 온다. 나의 영혼이 원하는 삶을 살아가길 원한다면 인생의 조각이 무엇인지 하나씩 적어 보자. 나는 역사책처럼 사건을 연대기적으로 나열하기보다 떠오르는 사건이 어떤 결과를 초래했는지에 대해 더 집중하려고 애쓰며 글을 썼다. 그리고 떠오르는 과거의 사건이 '왜' 발생했는지, 즉 원인과 결과가 무엇인지, 어떻게 풀어 나갈지에 대해 인과관계를 먼저 생각하려고 애썼다. 이로써 내 마음의 복잡함과 힘듦이 조금 가신다면 그걸로 행복해지는 글쓰기가 될 것 같다. 그럼으로써 다 얘기할 수 없었던 나의 복잡함이 글로 쉽게 풀리기를 바란다.

그림자

그림은 빛과 그림자를 알아야 잘 그릴 수 있다. 빛을 찾기 위해서는 끊임없이 그림자를 찾아 들어가야 한다. 더 이상 그림자를 찾을 수 없을 때가 되었을 때 형태가 만들어진다. 그림은 자연히 완성된다. 그런데 글을 쓰면서도 그림자를 찾을지 몰랐다.

그림자는 그림에 있어서 빛과 다른 주인공이자 하나의 우주다. 모든 존재는 그림자와 빛에서 시작하여 형태로 완전해진다. 그림자 하나를 죽이려면 빛의 태양과 형체를 다 붕괴시켜야만 한다. 그림자는 빛만큼이나 복잡하고 더 풍요롭다. 그래서 물체의 본질을 그림자에서 찾을 수 있다.

나에게 그림자는 곧 예술이다.

예술은 나를 회복시켜 주고 더 나은 세상과 만나게 해 준다. 예술은 완전한 그림자가 되는 길이다. 나의 감정을 정직하게 마주하게 하고, 내가 누구인지 깨닫게 해 주기에 나만의 길을 두려움 없이 걸어가게 한다.

만약 여러분이 자신이 누구인지 알고 싶고, 자

신만의 길을 가며, 어두운 그림자가 되기를 각오한다면 당신은 예술가다.

반그림자 이야기

　　이유를 찾고 있었다. 왜 그리고 있는지? 왜 쓰고 있는지? 나는 나 자신과의 전쟁에서 무관심과 핑계로 임했던 반그림자에 대한 이야기를 글로 쓰기로 했다.

　　전시 준비를 위한 아티스트 컨설팅에서 미술평론가와 대화를 하다가 전시보다 더 급한 것이 나에 대한 글쓰기라는 생각이 들었다. 그래서 대뜸 책을 내기로 했다. 도록보다 에세이에 가까운 책을. 나의 이야기를 글과 그림으로 직접적으로 말하고 싶었다.

　　나에겐 반그림자로서의 자기 존재에 대한 불안함이 있었다. 그래서 온전한 그림자가 되고 싶었다. 원인보다 더 복잡하고 풍요로운 하나의 완전한 우주. 내가 있기에 원인을 생각할 수 있으며, 찾을 수 있는 처음이자 가장 먼저인 그림자. 모든 것이 나로 인해 존재하는 그림자. 그런 온전한 그림자가 되고 싶은 반그림자에 대한 이야기다.

　　또한 핑계만 가득한 나 자신과의 전쟁을 끝내기 위해 나는 글을 쓰기로 했다. 지금 나에겐 전쟁보다 위로가 필요하다. 누군가 눈치채고 내게 필요한 위로를 해주면 좋겠지만, 타인에게 거는 기대는 언제나 실망과 섭섭함으로 돌아온다. 이 간절함이 구질구질하고 구걸처럼 느껴져 안타깝다. 나는 스스로 나를 위로하기 위해 글을 쓰기로 했다.

산만하고 복잡한, 욕구 불만의 중년 생활예술가의 일상과 이기적인 심경이 궁금하다면 이 책을 읽으시기를. 부디 근거 없는 자기애를 얻길 바라고, 더 이상 삶에서 이유를 찾지 않길 바란다.

모든 에세이의 시작이 과거를 다 털어 버리는 자기 고백이라고 생각하겠지만 나는 이 책에서 나를 다 뒤집어 깔 생각이 없다. 글을 읽으면 내 성격이 자연스럽게 나오게 될 텐데 괜히 '솔직하게'와 같은 말은 쓰고 싶지 않다. 어떤 부분에선 완전히 솔직하지 못할 수도 있을 테니 말이다. 이 책은 솔직한 책이 아니라 나를 위로하기 위해 쓴 책이기 때문이다.

그림으로 명상하기

책을 쓰기로 하면서 많은 생각이 들었다. 나를 다시 돌아보게 되었고, 내 머리에 꽉 차 있는 쓸데없는 생각들을 깨끗하게 정리하고 싶었다. 나 스스로 새로 태어나고 싶었다. 머릿속에 너무 많은 목적을 가지고 있어서 그랬을까? 나를 돌아보고 명상하며 글을 쓰는 일이 쉬운 일은 아니었다. 가벼워지라고 계속 얘기했지만 나는 계속 우울해지고 있었다. 어떻게 근심을 다 던져 버리고, 그림을 그리며 명상을 할 수 있을까?

일단 시작해 봤다.
1. 선을 그려 보자.
2. 원을 그려 보자.
3. 낙서를 해 보자.
4. 별을 그려 보자.
5. 달을 그려 보자.
6. 구름을 그려 보자.
7. 꽃을 그려 보자.
8. 빗방울을 그려 보자.

9. 새를 그려 보자.
10. 소리를 그려 보자.
11. 계절을 그려 보자.
12. 시간을 그려 보자.
13. 산을 그려 보자.
14. 바다를 그려 보자.
15. 나무를 그려 보자.
16. 사람을 그려 보자.
17. 흔적을 그려 보자.
18. 공기를 그려 보자.
19. 몸을 그려 보자.
20. 기분을 그려 보자.
21. 길을 그려 보자.
22. 얼굴 표정을 그려 보자.
23. 차들을 그려 보자.
24. 동네를 그려 보자.
25. 창의 안과 밖을 그려 보자.
26. 꿈을 그려 보자.
27. 시작과 끝을 그려 보자.

내가 아는 것을 처음으로 돌아가 다시 시작한다. 그림으로 명상하기.

안쪽으로

2023년부터 그림명상을 실천하고 있다. 나만의 명상 실천법은 내 일상의 의식을 탐구하듯 그림을 그리는 것이다. 이것은 모든 사상과 마찬가지로 나의 그림도 계속 발전하고 변화하기를 원하기 때문이다. 돌이켜 보면 그림 그리는 것 말고도 공공미술가, 예술강사, 문화예술 활동가로서 일하고 있지만, 이 시점에 나는 다시 '그림을 그리는 나'의 처음으로 돌아온 느낌이다. 나의 안쪽으로.

명상을 통한 수행의 최고 목적인 해탈이 이 삶을 벗어나서 자유로워지는 것이라면, 나에게 그림을 그리는 것은 삶 속에서 자유롭고자 한 것이 아닐까 생각한다.

도대체 무엇이 날 자유롭지 못하게 하고 있는지를 탐색하기 위해, 나는 나의 안쪽으로 들어가기로 하고 내 의식의 흐름을 따라가 보았다. 일상에서 흐르는 무의식과 호흡을 내 안에 잠재된 근본 에너지의 발현으로 보았기 때문이다. 그림 그리는 명상을 통해서 삶의 새로운 차원을 체험하며, 지금 당장의 현실적 고민을 잊고, 그림 이외의 다른 즐거움은 없다고 느끼고 싶었던 것 같다. 왜냐하면 그림명상이 깊어질수록 마음은 의식의 중심을 향하게 되며, 명상이 생활의 일부가 되면서 능력이 점점 증대되고 삶의 기쁨을 발견하게 될 거라고 믿었기 때문이다.

　　때때로 그림명상에 집중하면서 의식 내의 경험을 환상적으로 표현할 때도 있다. 이것은 상당히 매력적이고 꿈꿀 수 있는 희망을 보기도 한다. 하지만 충분히 집중하지 않았을 때는 나 자신의 의식이 상실됨을 보고 깜짝 놀라기도 하고 무기력해지거나 위로를 필요로 하게 된다.

　　나는 그림명상을 통해 무엇을 찾고 있는가? 무의식에 가득한 이미지들 중 생생한 하나의 특별한 이미지를 찾으려 한다. 그 방법이 그림명상을 통해 의식의 집중을 강화하는 것이다. 이것이 나를 자유롭게 해 줄 수 있지 않을까? 가만 있을 수 없는 나의 급한 성격을 넘어서려고 노력하고 있다. 여기서 넘어선다는 것은 '안쪽으로' 들어가는 것을 의미한다. 감각은 육체를 넘어서고, 마음은 감각을 넘어서고, 의식의 주체는 마음을 넘어선다.

　　명상의 목적은 자신의 내부에서 끊임없이 '나는 누구인가' 라는 의식의 주체를 탐구하는 것이다. 인간이란 마치 하나의 그릇과 같고, 그 한정된 그릇 속에 무한성이 내재돼 있는 것이다. 이 일상적인 그림 그리기의 행위 속에서 무한성의 인식을 통해 나는 나를 알아 가는 수행을 하는 것이다.

붉은 꽃

붉은 꽃은 나 자신이다. 나는 화(火)요, 자연의 일부다. 나는 나 자신이 갖고 있는 자산을 쉽게 이해할 수 있는 질서 속에 놓기 위해 필요 이상으로 애쓰지 않는다. 내 관점의 다양성을 잃고 싶지 않기 때문이다. 나의 예술 세계에서의 불안과 혼돈은 기존 질서의 규칙적인 베일 사이에서 신비롭게 가물거리길 바랄 뿐이다.

붉은 꽃은 열정이고, 모두에게 사랑이고 싶다. 어떤 대상에 대한 예술적 지향은 그림을 넘어서고 싶을 때가 있다. 특히 나 자신의 다양한 모습을 생각해 보면 예술의 소재는 더 다양해질 수밖에 없다. 때로 나는 모자라거나 지나칠 수 있다. 그래서 평정심을 잃지 않기 위해 나 스스로 일상에서 그림으로 명상을 한다.

명상으로 그리는 그림은 다시 내 주변의 자연과 사물들을 자세히 보게 했다. 그럼으로써 내 시야는 더 넓어졌고, 예술의 소재는 내 몸 전체로 확장되었다. 내 기억 저 너머의 무의식을 넘고 싶다. 내 꿈의 변천사가 있었듯이 더 많은 변화가 명상을 통해 내게 이뤄질 수

있었으면 좋겠다

　　지금껏 나는 내게 찾아온 너무 많은 변화 때문에 늘 불안하고 혼란스러웠다. 그런 나의 마음 상태를 많은 시간이 흐른 지금 아프면서 알게 되었다. 그러므로 명상하기를 더 빨리 시작했더라면 아프지 않고 더 일찍 나를 알 수 있었을까?

깔리 여신에게 올리는 기도

우리는 모두 주관적인 눈으로 세상을 바라본다. 모든 것은 바라보는 누군가에 의해 다시 태어난다. 2018년 불일미술관에서 열렸던 《내가 살아 있다》는 한국의 유일한 오디시 인도 고전무용가 금빛나와 함께한 공연, 전시로 나는 우주의 근원적인 힘을 가진 깔리 여신을 그렸다.

깔리 여신은 정말 특별하고 특이한 여신이다. 검은 몸과 얼굴에 화장터의 재를 바르고, 머리를 산발로 풀어헤치고, 세 개의 눈은 불꽃처럼 타오른다. 목에는 해골 목걸이를 하고 악한의 팔로 만든 허리띠를 두르고 있다. 붉은 혀를 쑥 내민 채 9개의 손에는 무기를, 한 손에는 적의 잘린 목을 들고 위엄 있게 서 있는 깔리 여신의 모습은 충격 그 자체다. 깔리 여신의 모습을 책에서 처음 마주했을 때 와! 하고 놀란 나는 입이 다물어지지 않았다. 특히 깔리 여신은 전투에서 악한의 목을 베고 그 피를 통째로 마신다. 그러면 더 이상 악마는 소생하지 못하고 소멸된다. 악마는 어쩌면 밖의 적이 아니라 각자의 마음 안에 있는 두려움, 불안, 슬픔, 시기, 열등감, 이기주의 등 세상의 모든 부정적 감정이나 생각, 습관이나 행동의 의인화일지 모른다.

무시무시한 깔리 여신과 마주하며 느껴지는 큰 아우라는 위협적이지만 당당하고, 어딘지 모르게 아주 멋지다. 진격만 할 것 같은 여전사처럼 나는 깔리 여신을 닮고 싶다.

나는 깔리 여신에게 '나도 당신처럼 화끈하게 나만의 길을 거침없이 갈 수 있게 해 주세요.'라고 기도했다. 기도는 답답한 내 마음을 조금씩 뻥 뚫리게 했다. 기도를 통해 나의 직관력을 더 발달시켜 멋진 초능력자로 다시 태어나고 싶었다. 나는 늘 삶의 근본적인 존재 이유에 대해 궁금증을 느꼈다. '왜 태어났는지?' '어떻게 살아야 하는지?'와 같이 죽을 때까지 고민해야 하는 문제에 관심이 많았다. 한때는 지독한 염세주의자이기도 했고 삶은 고(苦)로 가득하기에 죽음이 더 낫지 않나 하는 생각도 했었다. 그럼에도 불구하고 아직도 내가 살아 있는 이유는 내가 누구인지 아직도 답을 모르기 때문일 것이다. 그렇기에 나의 기도는 점점 더 간절해지고 격렬해진다.

"깔리 여신이시여, 당신처럼 당당하게, 제가 살고자 하는 바람대로 살다가 쪽 팔리지 않게 죽게 해 주세요."

감각하기

우리는 감각하기를 얼마나 경험하고 시도하며 살고 있을까?

'몸으로 감각하기'는 몸의 감각과 비슷한 의미를 가지지만 차이가 있다. '몸으로 감각하기'는 주로 감정, 경험, 느낌 등을 강조하는 표현으로, 전체적인 체험과 함께 감정적인 측면을 강조한다. 반면에 '감각'은 주로 생물학적인 측면에서 각 개인의 몸이 느끼는 감각을 나타낸다. 이는 피부의 촉각, 근육의 느낌, 관절의 움직임 등과 관련이 있다. 그래서 '감각'은 각 개인의 고유한 특성에 가깝지만, '감각하기'는 누군가가 상황에 따라 경험을 하면서 변하게 되는 감정이다.

그림을 그리면서 움직이는 감각과 글을 쓰면서 움직이는 손가락과 손목, 어깨까지 느껴지는 몸의 기억들은 강도의 차이만 있을 뿐, 몸의 '감각'은 동일하게 느낄 수 있다. '감각하기'는 사람마다 감각의 경험치와 감정의 기억들에 따라 달라진다.

그래서 예술가는 '내가 어떤 감각을 더 가졌거

나 덜 가졌는가'에 대한 궁금증보다 '내가 무엇을 어떻게 더 감각하고 있는가'에 대해 질문해야 한다. 창작 욕구가 떨어지는 상황에서도 작업을 포기하지 않고 이어 나가려면 창작자 스스로 '감각하기'에 대한 표현 행위 자체를 즐길 수 있어야 한다. 그래야 내가 하는 작업을 통해 예술적 재미와 의미를 탐색할 수 있고, 창작의 즐거움을 끊임없이 느낄 수 있다.

감각

나의 작업 〈감각하기-몸〉에서 내 몸의 본질적 감각을 회복하는 자유로운 움직임을 유희하듯 풀어내고 나의 정체성을 표출했다. 이 말의 뜻을 생각하며, 나의 정체성에 대해 생각했다.

나의 정체성을 알기 전에 먼저 나의 몸을 알고 싶었다. 내 몸의 온도, 통증, 촉감 등에 대한 표재감각(superficial sense)과 관절 위치, 압통, 진동 등으로 느끼는 심부감각(deep sense)을 다 느끼고 싶었다. 그리고 몸 감각에는 의식적으로 인식되는 것과 인식되지 않는 것이 있다는 것을 알게 되었다. 감각은 보는 것, 듣는 것, 만지는 것을 뜻한다. 몸 감각 중에서도 후각, 시각, 청각, 평형감각, 미각 등은 특수감각이라 불린다. 감각 중에서도 특수하기 때문에 별도로 분류된다. 위에서 언급한 자유로운 감각들은 특수감각일 뿐 아니라 무의식의 환청, 환시, 환촉 등의 복수의 환각이 조합된 복잡한 감각이다. 나는 이 복잡한 감각을 통해 몸의 본질을 찾는 과정에서 느끼는 인식되는 것과 인식되지 않는 것, 나아가 가상으로 느껴지는 몸의 감각의 모든 총합을 '복합 환각'이라고 규정했다. 이렇게 감각을 분류해본 것은 내 몸의 어떤 감각이 더 예민한지 알고 싶었기 때문이다. 운동 후 점점 더 땀 구멍이 열려 땀이 쏟아지듯 내 몸의 감각 센서도 인식하는 순간 점점 더 예민해진다고 생각했다. 숨 쉬는 것처럼 자연적인 감각뿐 아니라 쓸데없는 불안으로 인해 점점 발달하고 있는 복합 환각도 함께 예민해진다.

몸의 감각이 예민할수록 감정의 불안도도 높을 수 있다. 나는 감각이 예민하고 불안도가 높다. 그래서 불안을 낮추기 위해 나만의 방법을 다양하게 연구해야 했다. 일상에서 꼭 해야 할 일들은 정해진 시간에 하는 루틴을 만들었다. 일상을 단순화시켜 변수를 줄였다. 그럼에도 불구하고, 세상은 내 맘대로 되지 않는다는 사실을 깨달을 뿐이다. 여러 사람과 어울려 사는 일은 단순하지 않고 변수가 많기에 나의 일상도 균형보다는 불균형에 가깝지만, 그래도 균형을 맞추려 애써 노력을 한다.

그리고 내 몸의 감각은 예민해질수록 무기력해지기도 쉽다. 감각을 예민하게 느끼기 전에 감각을 차단하려는 방어기제로 인해 몸의 감각은 무디어지고, 몸은 축축 처지며 무기력하게 된다. 그리고 감각을 무시한 감정은 널뛰기를 하며 점차 불규칙적으로 불안해진다.

몸 안에 감정과 감각이 함께 존재해야 사람이 온전하다. 그런데 나는 편의대로 그것을 분리하고 따로 놀 수 있다고 착각하며 멋대로 조절하려 했다. 이제 알게 된 것은 몸이 온전하려면 내 몸의 감정과 감각이 현재에 함께해야 한다는 것이다. 그렇게 시행착오를 겪으며 나의 예민한 감각들을 인지하고 받아들이게 되었다.

나는 살아 있다

역사 이래로 인간의 몸은 많은 예술가에게 미적 영감을 불러일으키는 대상이자 매체였다. 이는 미적 표현을 넘어서는 의사소통의 매체로, 인간의 정신과 태도, 풍습 등 인류 문화의 전체를 드러내는 기호로서 작용한 것이다. 즉, 몸은 생물학적, 물리학적인 분류의 육체가 아닌 인간의 정신과 감정의 본질적 감각을 표출하는 체험의 장이자 감각하는 몸인 것이다.

현대인들은 내 몸의 주인으로서 자신을 인식하지 못하는 것 같다. 스스로의 존재 가치마저 잊고 현재를 몸과 마음이 분리된 채 불안하게 살고 있다. 그것은 아마도 전 지구적 불확실성 속에 살고 있는 현대인들이 인간 존재의 불확실성으로 인해 끊임없이 불안을 느끼기 때문일 것이다. 그래서 나는 자신만의 정체성을 찾는 과정에서 세계와 소통하는 주체이자 장소로서 주체성을 가지고 고유한 몸이 되어야 한다고 생각한다. 나의 작품 〈감각하기-몸〉에서 얼굴 없는 익명의 몸으로서 살아 있는 강한 주체가 되고자 한다. 감각하는 주체로서 익명의 몸은 오히려 의식적인 강박에서 자유로워질 때 나만의 구체적인 사고와 행위를 유발시킬 수 있다고 생각한다.

그리고 몸은 나의 작품에서 유일한 가치로 영혼을 드러내 주는 얼굴이기도 하다. 감각하는 몸이 삶의 주체로서 인식될 때 삶에 대한 강한 의지를 가진 주체로 재탄생한다. 나는 춤을 출 때 비로소 살아 있는 주체가 된다. 돌려라, 흔들어라. 내 몸이 다시 살아나게.

나를 위해 춤추라

나는 자화상을 시작으로 사람의 얼굴을 그렸다. 그 얼굴이 몸으로 확장되면서, 살아서 움직이고 끊임없이 변하는 '인간'이란 생명체에 관심을 가지게 되었다. 인간을 관찰하면서 타인일 수도 있고 나일 수도 있는 살아 있는 생명을 느꼈다. 살아 있는 생명체의 감각은 내 몸의 감각으로, 시간의 연속과 축적으로 내면의 더 깊은 무의식까지 영향을 미쳐 감각하는 몸으로서 나의 정체성을 표출했다.

    나는 공간의 흐름 속에서 익명의 몸의 형상이 춤을 추듯 움직이는 맹렬한 순간을 붙잡아 고정된 형태로 형상화해 2차원 평면으로 표현했다. 이는 내 감각이 가장 순수한 순간을 포착한 것이다.

    감각하는 몸은 살아 있는 몸으로 경험하는 신체의 움직임을 말한다. 몸을 통해 경험한 복합 환각의 감각하기는 나의 매일의 일상과 깊은 관계가 있다. 나의 몸은 나의 감각과 정서에 영향을 미치고, 나의 관심은 내 주변으로 확장된다. 그런 감각의 지각이 형상화에 있어서 재현, 의미, 주체를 사라지게 한다. 지각은 이제 형태에 대한 관심보다는 모든 것이 생명의 본능적 감각으로 흐르는 생성과 소멸의 과정으로서 본질로 접근해 가는 동시에 원시적 생명력을 지닌 이미지로 자유로운 공간에서 재탄생 하고, 그것은 '내가 살아 있다'는 삶에 대한 주체의 강한 의지를 담고 있다.

　　또한 작품의 색채는 복합 감각의 색의 착시로, 불명확한 형태를 익명의 몸에 대한 다양한 상상력으로 유도한다. 이런 감각의 흔적은 어떤 의도도 없이 자유롭고, 우연에 의한 것들이다.

　　나는 생명력을 가진 우연의 집합으로서 자유롭게 나의 몸을 움직이며 춤추고 있다.

　　나를 위해 춤을 춤으로써 나는 자유를 누리고 생명의 에너지를 모을 수 있다.

작업의 출발

몸이 점유하고 있는 시간과 장소에 대한 각성을 중심으로, 나 스스로 삶에 새로운 이름을 붙이는 것(명명)과 이름 부르기(호명)는 중요하다. 나의 삶이 다른 이의 삶으로 대체될 수 없다고 느낄 때 인간은 비로소 존재 의미를 갖는다고 생각한다. 예술 또한 끊임없이 새로운 이름을 붙이고, 그 이름에 의미를 부여함으로써 창작의 근간을 지탱해 왔다.

     나의 작업 〈감각하는 몸- Human being〉의 초기 명칭은 원래 얼굴이었다. 얼굴이 유일한 가치로 영혼을 드러내 준다고 생각하며, 자화상을 시작으로 인물화를 많이 그렸다. 인물화는 단순히 사람의 세세한 눈, 코, 입, 귀 등의 부분들을 그리는 것뿐 아니라 그 사람의 전신을 담아야 하기에 기(氣), 내면까지도 포함하고 있다. 그래서 수많은 작가들이 아직도 자화상과 초상화를 포함한 인물화에 대해 다양한 해석과 표현을 하고 있는지 모르겠다. 나는 이 시대를 살고 있는 사람의 내면, 즉 불안하고 명확하지 않은 무의식의 세계를 찌그

러지고 흘러내리고 도식화된 다양한 얼굴들로 표출했다. 또한 인물화를 통해 인물의 감춰진 본능적 욕망도 분출했다. 그렇게 내면의 복잡한 감정과 생각들은 더 심하게 왜곡된 얼굴의 형태로 표현되었다.

내가 좋아하는 철학자 들뢰즈는 얼굴 속의 신체적, 정신적 표지들을 가리켜 "흰 벽-검은 구멍"이라는 표현을 썼는데, 여기서 "얼굴은 말하고 생각하고 느끼는 자의 외부를 둘러싼 표피가 아니다."(질 들뢰즈·펠릭스 가타리, 『천 개의 고원』, 김재인 옮김, 새물결, 2001, p.321.) 단순한 눈, 코, 입은 흰 벽과 검은 구멍의 최초의 얼굴에서 시작되지만 각자의 삶을 살아 내면서 형성되는 얼굴의 형태는 전부 다르다. 옛말에 나이가 들면 자신의 얼굴에 책임을 져야 한다는 말이 있는 것처럼, 얼굴은 각자의 무의식과 함께 몸의 습관적 움직임을 통해 무한히 변화하고 균형을 잃기도 한다. 그래서 우리는 얼굴에서 그 사람의 신분과 삶의 여정을 어느 정도 유추할 수 있다.

나는 내 작품들이 내가 과거와 현재, 미래에서 만나 인식하며 해석했던 다양한 얼굴에서 나오기를 바란다. 그리고 얼굴의 사실적인 부분을 일부러 의도하지 않음으로써 내가 느끼는 현대인의 피로와 삶에 대한 불안과 공포를 표현하고 싶다. 또한 나는 저마다 다양한 얼굴에서 자신만의 길을 가려는 구도의 과정을 함께 보여주고 싶다. 얼굴은 내 마음의 치유가 되었던 불행했던 위인들의 얼굴과 나의 얼굴에서 확장되어 사랑하는 가족, 친구들의 얼굴, 내 주변의 얼굴들로 자연스럽게 바뀌며 확장되어 나갔다. 이렇게 얼굴에서 Human being 이야기는 시작되었다.

다람쥐로 살아 보자

유튜브로 법륜 스님의 말씀을 듣다 보면 한 번씩 나오는 "다람쥐처럼 살아라." 인간은 죽지 않고 영원히 살 것처럼 자신은 특별하다고 생각하는데, 이것이 모든 문제의 시작이라고 한다. 우리 인간은 멋있는 목적을 위해 인생을 사는 것이 아니라 그냥 사는 것이다. 인간이 살면서 꼭 무엇을 해야만 한다는 인위적인 지향점은 없다고 한다.

나는 그냥 살기만 하는 것이 싫어 특별한 무언가를 멋지게 보여줄 수 있을 것 같아 예술을 했다. 그런데 예술을 하면 할수록, 시간이 가면 갈수록 특별함보다는 인정 욕구와 욕심만 가득해졌다. 내가 원하는 만큼 채워지지 않는 결핍을 실감해서인지, 내가 원래 하고자 했던 예술의 본질을 시시각각 잊기도 했다. 세상 사람들과 비교하면서 서로 눈치를 살피고 세상의 성공 잣대로 돈과 명성을 쫓고 있었는지 모르겠다. 그러면서 나의 인생 목표는 희미해졌고, 이것에 화들짝 놀란 나는 반성하며 또 내 자신에게 묻는다. 정말 무엇을 하고 싶은지? 무엇을 하길 바라며 지금 무엇을 하고 있는지? 계속 잊지 않으려고 묻는다.

그리고 나는 예술을 하는 사람이기 전에 자연인이라는 사실을 잊지 않으려고 한다. 산에 사는 다람쥐와 다를 바 없이 그냥 살아도 된다고 나 스스로에게 다짐하듯 말한다. 그런데 계속 그 사실을 잊어버린다. 나는 다람쥐가 아니라고. 인정하고 싶지 않은 걸까? 그래서 나는 하고 싶은 일을 하고 있음에도 계속 만족하지 못하는 걸까? 처음엔 그림 그리는 것이 너무 좋고 행복해서 시작했고, 좋아해서 잘하고 싶었다. 방법을 알진 못했지만 정말 잘하고 싶었다. 그래서 주변 선생님에게 어떻게 하면 잘 그릴 수 있는지 질문하고 다녔다. 지금 생각하면 너무 웃긴데, 빨리 잘하고 싶은 어린 마음이었던 것 같다. 결국은 스스로 하게 되면서 자연스럽게 알게 되는 사실인데, 참 성급했던 것 같다. 그 시절 나를 기억하는 사람은 내가 아직도 그림을 열심히 그리기보다 그림을 더 잘 그리는 방법에 대해 묻고 다닌다고 생각할지 모르겠다. 시간이 흘러 예술교육 강의를 하게 된 지금, 입장 바꿔 생각해 보면 수강생들의 맘을 나는 가장 잘 알 수 있을 것 같다. 결국 방법은 모르겠지만 잘 그리고 싶어하는 수강생들의 마음은 그 시절 나의 마음과 같기 때문이다.

현재 나는 내가 다람쥐인지 아닌지 헷갈리며 살

고 있다. 거창하고 대단한 것만 원해서 예술 활동을 하는 것은 분명 아닌데, 어느새 한 번씩 나의 눈은 나의 특별함을 인정받고 싶어하는 인정 욕구에 목말라 하고 있었다. 고생에 대한 대가를 나도 모르게 나 아닌 타인과 외부에서 받고 싶었을 수도 있다. 다람쥐가 도토리를 모으며 행복을 찾은 것과 달리, 나는 더 큰 욕심으로 나의 마음을 상처 입힌 건 아닌지. 나는 예술로 모두와 함께 즐겁게 잘 살고 싶었다. 그런데 어느 순간 나 혼자 잘 살려고 예술을 한 것이 아닌지 반성해 본다.

다행이다

무엇이 다행일까?

　　우리는 모두 자신만의 우주를 가지고 있다. 그리고 이를 모른 채 살아가기도 한다. 반면 나는 나의 별을 궁금해하고, 그립고 아름다운 내 별나라로 갈 수 있는 길을 찾으려 한다. 내 안에 숨겨진 창의적인 힘을 꺼내 그 힘을 통해 세상을 이롭게 하고자 예술을 했는지 모르겠다. 이 일을 세상에서 완성할 때 나는 나의 별로 돌아갈 수 있다고 하는데, 나는 세상에 아낌없이 사랑을 주기 위해 예술을 탄생시켰나?

비상구

이 세상의 인간에게는 자기 자신이 인도하는 길을 가는 것보다 어려운 일은 없다.(헤르만 헤세, 『데미안』, 이순학 옮김, 더스토리, 2016, p.16.)

　　모든 사람은 방황을 시작한다. 나의 방황은 내가 진정으로 원하는 길을 가기 위해 내면의 요청을 듣는 몸부림에 가까운 절규였다. 그리고 그 과정 속에서 나는 예술에 대한 강렬한 갈망과 허기를 느꼈고, 의욕을 다지게 하는 결핍의 힘을 느끼며 괴로워 울부짖었다. 또한 삶의 참 맛을 느끼며 기뻐했고 끝없는 절망에 비명을 질렀다. 그 끝에 비상구가 있었다. 비상구로 가는 과정에서 나는 비상구의 의미와 실존에 대해 생각해 보았다. 그 의문 속에서 나의 작품 〈비상구〉는 시작되었다.
　　나의 작업은 평범한 일상 속에 감춰져 있는 각 개인이 가지는 비상구의 의미에 집중한다. 그 시작은 나 자신의 경험이었다. 과거에는 나의 내면을 보지 못하고 도망치기 바빠서 나를 인정하지 않았다. 그때는 이 불행함 속에서 빠져나오기 위해 비상구를 찾아 무작정 달렸다면, 이제는 무소의 뿔처럼 혼자서 한 발짝 한 발짝 굳세게 내딛으며, 나의 길을 가야 할 때라고 생각한다.

    인생이 또 다른 문을 열어 주면서 더 이상 비상구만이 내 인생의 본질을 숨길 수 있는 곳이 아니게 되었다. 이제 비상구를 내 인생의 여러 문 중에 하나로 받아들이게 되었다. 마음속에 여러 개의 비상구를 품고 있지만 비상구가 존재하지 않는 마음으로 나는 나의 삶을 살아 낼 것이다.

위로

인간은 누구나 그렇듯 쉽게 외부에서 위로를 찾아 헤맨다. 나 또한 위로가 오직 자기 자신에게 있음을 모르고, 나의 내면의 소리를 듣지 못하는 방황의 시간을 보냈다. 나에게 지나가는 모든 사람들은 다 행복해 보였다. 나만 빼고. 나는 그때의 고통 속에서 빠져나오기 위해 몸부림 치고 있을 때 우연히 그림을 만났다. 일상의 이면에 숨겨진 감각들의 몸부림은 그림을 통해 나의 유일한 유희로 나 자신을 위로해 주었다.

오늘은 하루 시간을 내어 내가 좋아하는 작가들의 전시장에 가서 전시를 보았다. 작품에 대해 이야기하는 시간이 지친 나에게 큰 위로가 되었다.

예술이 위로가 되는 시간은 거창하지 않았다. 힘든데 전시를 하는 동료를 만나 안부를 묻고, 서로의 작업을 응원해 주는 것은 나에게 하는 응원 같아 위로가 되었다. 얼마나 큰 우여곡절 끝에 전시를 준비했을까? 이심전심으로 작품으로 소통하며 격려의 박수를 보내는 것이 기뻤다. 저마다 자신이 가는 길 위에서 고군

분투하며 도를 닦고 있구나.

      예전에는 몰랐다. 작가로서의 성공이 연예인처럼 대단한 스포트라이트를 받고, 작품도 많이 파는 것이라 생각했던 적도 있었다. 현재는 주변과 상관없이 자신이 만들어 가는 작품 세계를 향해 끊임없이 정진하는 작가들이 대단하다는 생각이 든다. 자신의 세계를 완성하기 위해 안일함과 편의를 뒤로 한 채, 쇠를 단련하듯 자신의 감각들을 단련하는 일은 얼마나 고단한가? 타인이 대신해 줄 수 없는 자기 자신과의 싸움은 얼마나 치열할까? "말해 뭐 해? 내 무덤 내가 파는 거지."라고 말할 것 같다. 나도 그림과 사랑에 빠져 짝사랑만 30년 하고 있다. 언제는 힘들다고 투덜대고, 그만둔다고 화를 내기도 하고, 연을 끊지 못하는 나에게 분노하며, 마침내 내가 죽어야 끝나는 숙명 같은 일이라고 나의 사랑을 고백하며, 인정하게 되는 것이다.

      예술이 아니면 무엇이 나를 이토록 완벽한 짝사랑에 빠지게 할 수 있을까?

예술은 삶을 어떻게 바꾸는가

예술은 시간을 견디는 힘이 되어 주었다.

　　나의 복잡한 심경으로 불규칙하게 툭툭 던져지는 머릿속 이미지들을 메모하듯 그림으로 그렸다. 연관성이 불규칙한 대상들을 한 화면에 담는 것은 결국 하나의 큰 퍼즐로 완성하는 재미가 있다. 완성된 퍼즐에는 미완성인 나란 사람의 창작 의도를 설명해 주는 친절함이 숨겨져 있다.

　　나에게 예술이란 인내를 통한 견딤의 수행이다. 처음엔 인정 욕구를 채우고 싶어, 바로 성과를 내고 싶은 마음도 컸다. 하지만 내 맘대로 되는 것은 세상에 아무것도 없음을 알았다. 내가 예술로 무엇을 할 수 있을까? 결국 자기 만족으로 끝나는 자괴감과 허무함이 느껴졌고, 나는 무기력하기까지 했다.

　　나의 삶을 돌이켜보면 나는 소설가가 되고 싶었다. 하지만 지금은 그림을 그리고 있다. 평범한 일상의 생각을 꺼내어 메모하는 것이 글에서 그림으로 바뀌었다. 그리고 지금 다시 글을 쓰고 있다. 어릴 때부터 염

세주의자였던 나에게 세상은 한없이 허무했다. 그런데 그 허무함을 이겨 내려 일기를 쓰듯 계속해서 좋은 기억을 기록했다. 역설적으로 나는 나의 하루를 허무하게 보내기 싫었던 것이다. 그래서 나는 한 편의 그림일기를 만들고 있는지 모르겠다.

      예술로 삶을 바꾸는 일은 드라마틱하지도 않고, 어쩌면 모호한 일이고, 불가능해 보인다. 하지만 예술은 삶을 어떻게 바꾸는가? 예술은 스스로 질문하는 것에서부터 시작해서 나에게 현실을 견디는 힘을 준다. 불완전하고 미숙한 나는 예술을 통해 세상에 내 목소리를 낼 수 있었다. 누구나 한 번쯤 현실의 고통에서 삶을 포기하고 싶은 순간이 있을 것이다. 무너지는 마음이 들 때 다시 한 번 마음을 다잡고, 용기 내어 한 발 내디딜 수 있다면 예술은 삶에 충분히 가져올 만한 것이 아닐까?

창작의 유희

초등학교 4학년 때부터 중학교 2학년 때까지 산만하다는 이유로 서예를 오랜 시간 배웠다. 하지만 나의 산만함은 고쳐지지 않았다. 다만 머리속은 산만할지언정 오랜 시간 한 자리에 앉아 있을 수 있는 엉덩이의 인내는 확실히 배우게 되었다. 당시는 서예가 워낙 인기가 많아 대회와 전시가 많았다. 그래서 나는 서예를 전공할 생각까지 하며 서예에서 다루는 다양한 글씨체뿐 아니라 사군자까지 아주 열심히 배웠다. 비록 중학교 3학년 때 고교 진학을 앞두고 집안 사정과 여러 이유로 진로를 바꿨지만, 어릴 때부터 가지고 놀았던 붓과 먹은 나에게 익숙하다. 그래서 그런지 동양 사상에 대해서도 관심이 많았다. 잘 하고 싶은 마음에 이론적으로도 알고 싶고, 이해하고 싶은 호기심이 컸다. 그래서 당시에는 이해하지 못했지만 다양한 글들을 읽었다. 지금 떠오르는 말이 서예 창작과 관련하여 인용되는 '해의반박(解衣般礴 -장자(莊子)의 전자방(田子方)편 참조)'이다. "좋은 글씨를 쓰고자 한다면 먼저 자신의 마음속에 담긴 생각을 흐트러트리고, 순수한 감정에 맡기고 본성을 자유롭게 발휘한 뒤에 써야 한다. 만일 세속적인 잡다한 일에 마음이 쫓기면 비록 중산에서 나는 품질 좋은 토끼털로 만든 붓이라도 좋은 작품을 창작해 낼 수 없다." '해의반박'은 이렇듯 모든 예술 창작에 임하는 창작자의 마음가짐이어야 한다고 읽었다.

'마음을 흐트러트리는 것'을 창작에 임하는 것과 관련하여 이해하게 되면, 모든 예술 창작의 자유로움을 이해할 수 있을 것 같다. 그것은 작가의 마음을 얽매이게 하거나 붙들어 매는 세속적인 권력, 명예, 재물, 부귀영화 등으로부터 자유로워지는 것을 의미한다. 그림을 그릴 때에는 모름지기 옷을 벗고 다리를 뻗은 채 주위에 아무도 없는 듯한 마음이 들어야 한다. 그런 후 변화의 기틀이 손에 있고 원기가 흘러 넘치게 되고, 앞 시내의 장인에 의해 구속되지 않고 법도 밖에서 노닐 수 있다. 어쩌면 진짜 화사의 행동은 유가에서 규정하는 예의범절과 거리가 먼 몸가짐인 것 같다.

과거에도 지금도 예술을 창작할 때 가장 신경 써야 할 것은 기운이 생동함을 담아내고 아울러 법도 밖에서 새로운 예술 정신을 표현해야 하는 것이다. 이런 점을 '해의반박'의 정신이 다 해결해 준다는 것이다. '노닌다'는 것은 명예, 권력, 재물 같은 외물에 의해 사역당하지 않는 정신의 자유로움이다. '법도 밖에서 노닐 수 있다'는 것은 '일품'의 경지를 담아낼 수 있다는 말로 이해된다. 즉 심신의 자유로움이다.

　　작가가 세속적인 속된 것과 교류하여 주체성을 잃어버리고 사물에 부림을 당하게 된다면 작가는 수고로움을 받는다. 마음을 졸여서 작품을 만들면 스스로를 훼손시키게 된다. 붓과 먹이 세속의 속된 것에 덮어씌워지면 스스로를 구속하게 된다. 이런 사람은 진정한 예술가가 아니다. 마음이 수고롭지 않을 때 그려야 올바른 그림이 그려진다. 여기서 이 문장을 인용하면 가장 이해하기 쉬울 것 같아 적어 본다.

　　"세상 사람들이 내가 붓을 놀려 쉽게 그림을 그리는 것으로만 아는데, 사실 그림 그리는 일이 쉽지 않다는 사실은 모른다. 장자는 '옷을 벗고 다리를 쭉 뻗고 편안히 앉아 있는 화사야말로 참으로 화가의 법을 얻었다'는 말을 한 적이 있다. 그림을 그리는 사람들은 모름지기 자기 마음속을 너그럽고 유쾌하게 하고, 뜻을 즐겁고 만족하게 해야 한다. 그러면 이른바 꾸밈이 없고, 정직하고, 남을 사랑하고, 착하게 되는 마음이 뭉글뭉글 생긴다. 이와 같으면 사람의 웃고 우는 온갖 모습과 사물의 뾰족함, 기울어짐, 옆으로 누임 등이 자연히 마음속에 터득되어 모르는 사이에 표현하고자 하는 것이 붓놀림에 나타난다. 그렇지 못하면 뜻과 생각이 억압되고 침체되어 한쪽 측면으로만

국한될 것이니, 어찌 사물의 실정을 그릴 수 있으며 사람의 생각을 펼 수 있겠는가? 경계가 이미 익숙해지고 마음과 손이 응해야 비로소 자유자재로 법도에 맞고 전후좌우가 근원에 맞아 제대로 그려질 것이다."

(『동양철학연구』 18집, 한국동양철학연구회, 1998, pp.429-457.)

     결국 창작자는 몸과 마음이 자유롭게 놀 수 있을 때 진정한 창작의 유희가 가능하다.

멋대로인 순간

갑자기 궁금해졌다. '멋대로인 순간'과 '놀이'는 어떤 의미를 가질까? 내 개인적인 의미를 생각하기 전에 객관적인 것부터 생각하게 되었다. '놀이'는 규칙과 구조를 따라가면서 혼자 또는 사람들과 함께 상호작용을 하면서 이루어지는 재미와 즐거움을 찾는 활동이다. 그와 달리 '멋대로인 순간'은 예상치 못한 갑작스러운 순간이다. 안전하다는 가정이 없는 우연의 자연스러운 경험을 의미한다. '멋대로인 순간'은 다양한 감각적인 경험을 불러일으킨다. 특히 순간의 체험은 예상치 못하기 때문에 심리적인 감정도 섞여 있다. 이 멋대로인 순간에 '그분'이 불쑥 찾아올 때가 있다. 그때 의미 없고 이름없는 행위와 비언어적인 순간을 체험하게 될 때면 나는 새로운 것을 창작하게 되는 것 같다. 이런 감각하기의 기억들은 예술가가 목적을 가지고 한 행위가 아니기에 설명을 할 수가 없다. 나의 행위 자체를 나 자신도 이해하지 못할 때가 있기 때문이다. 달라진 변화를 알고 싶은데 스스로 발견하지 못하기도 하고, 한참이 지난 후에 운

좋게 타인에 의해 발견되어 설명되기도 한다. 그래서 작업에 대한 평론이 필요한 것 같다. 놓치고 발견하지 못한 나의 세계를 누군가 발견해 주길 바라며 멋대로인 순간을 즐겁게 만끽하고 싶다.

2부

단어 놀이

1. 순수한, 사랑, 영혼, 좋겠다. 거짓말
2. 어쨌든 대단한 생각 우선 오늘
3. 회색의 유리창 따뜻하다. 조그만, 내 손
4. 싫다. 위로
5. 우는 사람, 텅 빈, 겨울, 저녁
6. 꿈 얇고, 가볍다, 흘러가다, 찰나, 모르겠다.
7. 폭우, 질주, 소리지른다, 쏟아진다, 물어뜯는다, 폭격이다.
8. 아무것도 가진 것이 없었다, 안녕히, 가세요.
9. 기억, 아침노을, 뒤편으로, 낯선, 텅, 내가 없다.
10. 나의 맹세, 역경을, 고통을, 아씨
11. 기도, 촛불, 속된 것, 용서해 달라는
12. 길, 비탈, 안개, 비틀려, 힘껏
13. 금이 가, 탐하다, 망조다, 힘듦
14. 한숨 소리, 없이, 성큼, 파르르, 걷는다.

15. 발, 아이, 햇빛, 따스하게
16. 잠, 두렵다. 버둥버둥, 모호하다, 얼굴로 떠돈다.
17. 생활, 벌어먹고, 미칠 듯, 먹이, 고독, 인생, 매일, 구차한 것
18. 꿈, 먹고, 웃고, 잠자고, 춤추고, 노래하고, 산다.
19. 파랗고, 황폐해, 침묵, 귀 기울이다, 좋군
20. 탔다, 떠나고, 들어가 보다. 바라보다.
21. 아무것도, 없다, 살고 있다. 타락했다. 아니다. 그냥 산다.
22. 짊어지고, 짚고, 꿋꿋이, 자기만의 것
23. 흰 눈, 고요하다, 눈부신, 스며든다, 순수한, 보이니?
24. 일요일, 빈약한, 벽, 가린다. 외롭다, 알아?
25. 죽음, 시든 꽃다발, 서러움이 빨갛게 해요.

-오늘은 이제 그만-

나에 대해 알지만

나에 대해 알지만, 나는 내가 궁금하다.

나에 대해 알지만, 나는 나의 입을 막을 수 없다.

나에 대해 알지만, 본능적으로 해서는 안 될 행동을 막을 수 없다.

나에 대해 알지만, 나는 매번 실수하고, 매 순간 반성한다.

나에 대해 알지만, 나를 제어할 수 없다.

나에 대해 알지만, 나는 바보 같기도 하다.

나에 대해 알지만, 내가 무엇을 원하는지 모르는 것 같다.

나에 대해 알지만, 나는 착하지도 악하지도 못하다.

나에 대해 알지만, 머리가 나쁜 것 같다.

나에 대해 알지만, 내 멋대로다.

나에 대해 알지만, 가끔 미친 것 같다.

나에 대해 알지만, 나의 길에서 우왕좌왕 길을 잃기도 한다.

나에 대해 알지만, 나를 감추지 못해 부끄럽다.

나에 대해 알지만, 나 스스로를 구원하지 못할 것 같아 불안하다.

나에 대해 알지만, 나는 나를 모른다.

공부란 무엇인가

누구나 그렇겠지만 나는 내가 원하는 공부를 하는 것을 특히 더 좋아한다. 그래서 가까운 이들에게서 언제까지 배우기만 할 거냐는 놀림도 받았다. 이제 그만 배우고 써먹어야 하는 거 아니냐고? 공부의 길은 죽을 때까지 계속 가야 하며, 내가 삶을 살아가는 데 중요한 연료가 된다. 그래서 내 삶은 늘 공부와 함께한다. 내가 원하는 공부에 투자하는 것은 가격을 붙일 수 없을 만큼 가치 있다. 그만큼 내 인생에 공부는 소중하다. 지금도 나는 숨 쉬는 것조차 공부라고 생각한다. 제대로 숨을 쉬는 것도 공부가 필요하다고 생각한다. 배우고 나서도 내 것으로 익히지 않으면 내 것이 될 수 없다. 그만큼 배움은 내게 지속적이고, 절대적이다. 알고 싶은 호기심과 함께 세상은 너무 광활하고, 나의 존재는 너무 작아 내가 아는 것은 너무 부족하다. 그래서 궁금한 것이 생길 때마다 나 스스로 알기 위한 다양한 방법들을 찾아 나선다. 내가 그 답이 가장 궁금하고 알고 싶기 때문이다.

내가 아는 것은 그저 내가 전공한 그림에 대해 조금 더 많은 지식과 경험이 있다는 것뿐, 그 외에 내가 모르는 것은 너무 많다. 세상에 만만하고 쉽게 보이는 것조차 공부가 없으면 제대로 알기 어렵다. 그래서 나는 죽을 때까지 공부하고 싶다.

이야기된 고통

이야기된 고통은 고통이 아니다. 감정을 묘사하는 순간 고통과 객관적 거리감이 생긴다. 제3자에게 하는 객관적 이야기로 나의 이야기를 풀게 되면 고통은 어느 순간 마음을 편안하게 해 준다. 그리고 나는 지금껏 미루었던 내 맘속 이야기를 털어 놓으면서 스스로에 대한 성찰을 하게 된다.

나는 늘 변화를 원했지만 시작한 일을 잘 마무리 짓는 것에 어려움이 있었다. 그것은 아마 빠른 판단력과 추진력만큼 따라주지 않는 나의 지각과 통찰력의 부족 때문이 아닐까? 내가 가지고 있는 의존적 욕구가 채워지지 않아서 그럴 수 있다는 것을 오은영 박사의 강연으로 더 확실히 알게 되었다.

나는 부모님으로부터 보호 받고 사랑 받고 위로 받기를 바라는 마음이 충분히 채워지지 않은 채 성장했다. 그런데 살면서 배우자를 통해서도 이 의존적 욕구는 충분히 채워지지 않았다. 이 본능적인 욕구를 채우지 못한 결핍감이 우울, 좌절감, 체념, 자기 비하로 이어져 가족에게까지 배신감과 분노를 느꼈던 것 같다. 살면서 계속해서 이 결핍을 채우려고 가족, 배우자, 자녀, 친구 등과의 관계에서 많이 노력했다. 결코 내 맘 같지 않았다. 결핍은 커지고, 타인에게 인정받으려는 욕구 또한 더 커지기만 했다.

  한때 이 결핍이 나를 계속해서 채찍질하며 성장하는 원동력이 되었지만, 어느 순간 나를 분노하게 하고, 위축시키고, 무기력하게 만들었다. 그래서 나 스스로 이 본능적인 욕구에서 어떻게 빠져나올지 고민했다. 장자는 의존적 욕구를 스스로 충족하고 결핍을 극복하기 위해 "자생"이라는 개념을 제안했다. 자기 자신이나 내면의 자원을 활용하여 삶의 목표를 달성하고 만족감을 찾는 데 중점을 두라고 했다.

  그렇게 나는 나의 의존적 욕구의 결핍을 통해 나를 더 잘 이해하게 되었다. 그래서 나는 화가 났고, 분노했구나. 사랑에 배신 당했다고 생각했기 때문에, 나의 내면의 이야기를 정확하게 듣지 못했기 때문에. 이제 그동안 이야기되지 않은 이 결핍에 대한 고통을 이야기한다.

죽음

한없이 길 줄 알았던 삶이 순식간에 지나가고 죽음을 마주한 나를 상상해 보았다. 정말 떠난다는 마음으로 하늘을 한번 올려다보고, 땅을 내려다보았다. 지난 삶에 무엇을 가장 후회하고 있는지 혹시 미련은 남지 않았는지를 스스로에게 묻고 싶었다. 그리고 나는 죽음을 받아들이는 데 얼마나 마음의 준비가 되어 있을까? 하고 생각해 보았다. 어린 시절에도 현재에도 나는 문득 문득 죽음을 떠올린다. 특히 해결하기 어려운 문제를 겪을 때면 나도 모르게 죽음이 떠오른다. 글을 쓰면서 현생에 남겨진 가족과 지인들에게 어떤 말을 남기고 가고 싶은지도 생각해 보게 되었다.

　　죽으면 다 끝나서 속이 시원할 것만 같은데, 남겨진 가족과 지인에게는 어쩌면 가장 이기적이고 무책임한 도피가 아닐까 하는 생각도 들었다. 나를 절대적으로 의지하는 딸도 있는데, 나는 어디로 홀로 떠나려 한 걸까? 하는 생각이 드니 무척 미안해진다.

　　나는 스스로 정한 길 한가운데서 외롭게 길을

헤매고 있었던 것 같다. 무엇보다 나의 욕심으로 인한 후회가 묘비명으로 떠오른다. '욕심 많은 이가 혼자 굿하다 외롭게 갔습니다.' 내게 정해진 길은 처음부터 없었다. 길이 있다고 너무 확신했던 내가 어리석었다. 그럼 정해진 길 없이 가는 것이 좋은 걸까? 그것조차 나는 확신할 수 없다. 그렇지만 나의 길을 가벼운 발걸음으로 산책하듯 걷고 싶다. 그래서 묘비명에 '즐거운 산책을 마치고 조용히 갔다.' 라고 써야 할 것 같다. 그런데 아직 멀었다. 어리석은 욕심 때문에 내가 가진 소중한 것을 보지 못하고, 일상의 가치 있는 것들을 모두 가볍게 지나쳐 버린다. 이렇게 글로 적으면서도 나의 욕심은 무럭무럭 자란다. 그건 어쩌면 닥치지 않은 죽음에 대한 배짱인지도 모르겠다. 그렇게 나는 무조건 다가올 죽음에 제대로 준비하지 못한 철부지라는 사실을 깨닫게 되었다.

어둠 속 음악회

어둠 속 음악회에서 새로운 시공간이 열린다.

　나의 사촌 언니는 시각장애인 비올리스트다. 매년 연말에 언니가 참여하는 하트시각장애인체임버오케스트라 정기연주회에 간다. 2023년에 20회가 되었다. 정기연주회가 매년 크리스마스가 다가오는 날짜에 있어 마지막 곡은 항상 캐롤 메들리로 끝이 난다. 캐롤을 들으며 '아, 이제 올해도 가는구나.' 라는 생각이 들고, 다가올 내년을 생각하며 만감이 교차한다. 매년 이 연주회를 통해 한 해를 마무리하고 싶은 이유가 있다.

　시각장애인들로 구성된 오케스트라이기에 모든 연주가 악보 없이 진행된다. 연주 실력도 뛰어나다. 그중에 가장 큰 감동 포인트는 어둠 속에서 연주되는 앵콜곡이다. 조명이 서서히 어두지고 마침내 암전이 되면서 곡이 연주된다. 그때 연주되는 곡은 아마 가장 많이 고민하고 선택된 곡일 것이다. 앵콜곡을 어둠 속에서 들으면 맨 처음은 '이게 뭐지?' 싶다. 그러다가 주위가 완전히 어둠에 갇히면 연주와 함께 여기저기서 흐느끼는 소리, 우는 소리가 들린다. 처음엔 충격이라 얼마나 많이 울었는지 모른다. 말할 수 없는 감동과 먹먹함. 알 수 없는 감정들로 내 마음을 주체할 수 없었다. 어둠 속 음악은 시공간을 뛰어 넘어 모든 것을 따뜻하게 덮는다. 그렇게 음악은 복잡한 감정과 생각들로 가득 찬 나를 완전히 흔들어 버린다. 이 아름다운 감동은 무엇일까?

      8살 때, 어둠을 상상하며 눈을 감고 비탈길을 오른 적이 있었다. 눈을 감고도 무사히 비탈길을 오를 수 있다면 내가 원하는 일이 이뤄질 것만 같은 초월적 상상과 대가를 기대하며, 누구도 강요하지 않은 위험한 내기를 스스로 했다. 결국 비탈길 옆으로 떨어져 머리통이 깨지고 어른들에게 많이 혼이 났던 경험이 있었다. 죽지 않은 게 다행스러운, 혼자만의 위험한 놀이였다.

      처음부터 어둠으로 차 버린 세상은 얼마나 두려울까? 시각장애인 연주자들이 어둠 속에서 자기 자신을 믿으며, 다 함께 정성스럽게 곡을 완성해 가는 연주는 감동이다. 나는 세상을 환하게 볼 수 있는 눈이 있는데, 왜 내 머릿속은 갈 길을 잃고 어둠 속을 헤매며 갈팡질팡하고 있는지. 부끄러움을 느끼고 반성을 하게 된다. 스스로 세상을 어둠이라고 인지해 버린 것은 아닌지?

      두 눈을 부릅뜨고, 세상을 내 마음 안에서 다시 봐야 나만의 길이 보일 것 같다.

예술가, 예술강사로 살아가기

2014년. 벌써 10년 전, 서울문화재단 창의예술교육과정에서 교육철학 수업을 들었다. 한 사람의 인생에서 예술교육 경험이 삶의 어려움을 이겨 내고 실패해도 다시 일어나 살아갈 수 있게 한다는 점에서 큰 감동을 받았다.

  미술 작가인 나도 세상을 살면서 힘든 일이 생길 때마다 미술 작업을 통해 위로를 받았고, 전시를 통해 세상과 소통했다. 동시에 예술강사로서 참여자들과 만나 마음과 마음을 잇는 적극적인 소통을 통해 작가인 나 자신의 예술적 역량도 키워 왔다. 내 삶의 문제를 해결하는 힘이 생겼고, 주변 사람들과 행복을 나눌 수 있는 마음도 커졌다.

  예술을 배우고, 즐기며, 행복해하는 수강생들의 모습은 예술강사로서 행복함과 자부심을 느끼게 한다. 그래서 지금까지 예술 창작 활동과 교육 활동을 병행할 수 있었던 것 같다.

  문화예술에 익숙하지 않은 세대, 다양한 계층의 사람들이 문화예술교육을 통해 일상에서 문화예술을 향유하고 의미 있는 삶의 경험을 함께 공유할 수 있다. 예술로 소통하고 공감하며, 함께 행복을 나눌 수 있는 가장 중요한 역할을 문화예술교육이 하고 있다고 생각한다.

특히 의사소통이 어려운 발달장애인의 경우 말로 표현할 수 없는 자신의 생각과 감정을 선과 색의 미술을 통해 자유롭게 표현할 수 있다. 그리고 미술 수업을 통해 다른 참여자와 일상을 공유함으로써 사회와 소통하는 즐거움을 느낄 수 있다. 수업에서 참여자 분들이 각자의 방식으로 소통하며 감정을 표현해 줄 때, 예술강사로서 나의 삶도 더불어 함께 살아가는 기쁨에 더 풍요롭고 행복하다.

동네방네 행복한 생활예술 공동체

나는 이 주제를 생각할 때마다 많이 반성한다. 왜냐하면 나는 나 먼저 대단한 작가로 성공하고 싶었기 때문이다. 과거에 나는 정말 이기적인 인간이었다. 나의 생활이 너무 척박했기 때문일까? 누군가와 함께하는 행복을 생각하기엔 내 몫의 삶도 벅찼다. 그런데 아주 이기적이지도 못해 가족들부터 챙기다 보니, 정작 나는 어중간하게 되어 버렸다.

    시간이 흘러 코로나를 지나 오면서 나의 인생 방향은 바뀌었다. 홀로 고립되는 것에 굉장한 우울감을 느꼈다. 그래서 나는 내가 살고 있는 가장 가까운 외부인 지역사회로 관심을 돌렸다. 그리고 나는 태생적으로 사람을 좋아하고, 외부에서 누군가와 함께하는 것에 즐거움과 에너지를 느끼는 외향적 사람이라는 것을 활동을 통해 알게 되었다. 그래서 누군가와의 사적인 우정보다 더 큰 의미의 연대를 만들어 예술문화 사회공동체를 만들고 싶었다. 그럼으로써 내가 살고 있는 지역사회를 이롭게 하고 싶었다. 그래서 예술가로서 다양한 지원

사업 등을 통해 동네 골목 안에서 미술 전시와 동네 축제를 주민들과 함께 기획해서 열기도 했다. 주민들과 연대하는 과정은 힘들었지만 인터뷰를 통해 모르는 지역 주민들의 삶을 알아 가고, 그들의 인생에서 많은 감동을 받았다. 그리고 함께 새로운 것을 배우는 즐거움으로 시작한 공예 모임에 나는 지금까지 열심히 참여하고 있다. 내가 모르는 다양한 생활공예 체험 활동을 통해 함께 배우며 소통하는 것에 즐거움과 기쁨을 느낀다. 생활예술의 영역은 너무 넓어 '사람은 죽을 때까지 배워야 한다'는 것을 알게 해 준다.

     우리는 스스로 자신을 구원하긴 어렵다. 하지만 서로 삶을 살아 내는 방식을 응원하고, 생활 속에서 이웃과 함께 문화와 예술로 소통하고 즐기면 그 행복이 서로를 구원해 줄 수 있다는 생각이 들었다. 특히 나처럼 종교가 뚜렷하지 않은 무교에 혼자 있는 것을 즐기는 예술가조차 함께하는 즐거움을 포기하지 않게 도와주는 따뜻한 문화예술의 연대가 꼭 필요하다고 생각했다. 함께 대화하고, 몸을 움직이고, 글을 쓰고, 그림을 그리고 놀다 보면 '나'로서뿐 아니라 '나와 너'로서 함께 성장하게 된다. 목표를 이루어 성취해 내는 성공도 있지만, 몰랐던 나를 알게 되는 것도 성공이고 성장이다. 나 또한 나를 더 잘 알고 싶어 내가 생각하는 것들에 대해 글을 쓰기로 한 것이다. 내 글을 읽고 전문

지식은 얻지 못하겠지만, '아, 이런 생각을 하는 이웃도 있구나.' 하면 좋겠다. 더 바란다면 나로서 살고 싶은 욕구가 매일 끊임없이 생겨나 내일의 일상이 더 기대되길 바랄 뿐이다.

사이의 시간

면접을 보는 것은 매년 언제나 떨린다. 수입이 없는 비수기의 간절함 때문일까? 진흥원 면접에서 떨어져도 수업은 다른 기관에서도 의뢰가 들어온다. 하지만 면접에서 떨어지는 것은 아주 기분이 나쁘다. 그래서 자기 소개도 열심히 준비하고, 면접에 최선을 다한다. 오늘도 그렇게 면접을 끝내고 나니, 창밖으로 눈이 펑펑 내리고 있었다. 내리는 눈을 보니 "오늘 수고했어."라는 위로를 받는 것 같았다.

　　면접이 끝나고, 나와 같이 예술강사를 겸하고 있는 작가 언니에게서 전화가 왔다. 이런 저런 서로의 면접 이야기를 나누었다. 언니는 작년에 면접에 떨어지고 위기가 있었지만, 더 많은 도전을 통해 더 좋은 기회를 잡았다고 했다. '위기는 곧 기회'라는 이야기를 하며, 면접 결과에 너무 연연하지 말자고 말하며 통화를 끝냈다. 우리는 7분의 면접 결과로 단순히 예술강사의 능력을 판단할 수 없다고 생각하기 때문이다. 내가 아는 또 다른 면접 탈락자도 작년에 다양한 도전으로 더 큰 성과를 낸 경우를 보았기 때문이다.

　　　수업이 없는 비수기 '사이의 시간'은 제도권 밖의 시간이다. 제도권 밖은 언제나 찬바람 부는 겨울이다. 하지만 제도권 경계가 끊어지는 순간 우리에게는 또 다른 놀라운 경험의 순간이 열리기도 한다. 그동안 일정이 있거나 바빠서 하지 못했던 계획들도 실천할 수 있다. 친구를 만나거나 여행도 계획해서 갈 수 있다. 그리고 건강을 위해 운동을 하거나 무조건 쉴 수도 있다. 사색하는 시간을 가지며 요가나 명상을 할 수도 있다. 또는 한 번도 해 보지 못한 새로운 경험을 시작할 수도 있다.

　　　'사이의 시간'을 활용해서 나는 나를 돌보기 위한 글을 쓴다. 그리고 문화예술 활동가로서 지역 내에서 공공미술적인 다양한 시도와 예술적 실험 가능성을 찾아보기도 한다. 더 많은 이웃들과 연대하여 더 즐겁고 행복한 경험을 기획하고, 공모한다. 또는 나의 작업이 어떻게 새롭게 태어나고 완성될지를 상상하며 열심히 작업에 몰두할 수 있다.

　　　그러므로 '사이의 시간'은 비록 금전적으로는 비수기이지만. 미래의 나를 완성하는 새로운 기회로서 성수기다.

2020년 4월 3일 금요일

컴퓨터에 지우지 않고 남아 있던 흔적, 이렇게 저렇게 쏟아 냈던 과거의 시간들을 꺼내 읽어 보았다.

  2020년 4월 3일 금요일로 시작되는 글을 읽으면서 나는 나 자신에게 많이 미안했다. 2020년 4월 3일은 코로나로 세상의 시스템이 멈춰 버리고, 나의 일상도 전과 많이 달라진 때였다. 모든 세상이 코로나에 적응해야 했다. 당시에 모두가 외부가 아닌 실내로 반 강제로 들어가게 되었다. 외부 예술교육 강의가 중단되거나 온라인 강의로 대체되었다. 그리고 매일 아침 가는 운동센터도 갈 수 없어 집에 있는 시간이 대부분이었다. 처음엔 오랜만에 게으르게 아무 생각도 하지 말고, 푹 쉬어 볼까? 하는 속 편한 생각도 했었다. 하지만 혼자만 집 안 동굴에 들어온 것이 아니었다. 아이도 학교에 가지 않고, 남편도 재택근무를 하게 되면서 온 식구가 집 안에 갇혀 있게 되었다. 식구들도 내 동굴에 함께 갇혔기에 나는 삼시 세끼를 챙겨야 하는 상황이 된 것이다. 요리를 싫어하는 것은 아니었지만, 매일을 밥을 먹기 위해 사는 것처럼 느껴져 우울해지기까지 했다. 멈춘 나의 일상에서 쉬는 느낌은 들지 않았고, 계속해서 불안의 덩어리만 키우고 있었다. 내 길 위에 나의 시간은 멈추었지만 그래도 일상의 시간은 먹고, 보면서, 그냥 보낼 수 있었다. 처음엔 이 상황을 덤덤하게 받아들였다. 늘 빡빡한 일상에서, 미션 수행하듯 도장 깨기를 하며 살아왔던 나에게 공식적인 휴가가 주어진 셈이라고 스스로를 위한 변명을 하면서 말이다. 그런데 나는 코로나 상황에 적응을 한 것이지 괜찮아진 게 아니었다. 점점 우울했다. 나의 길 위에서 멈춰 앉아 아무것도 하지 않는 내가 돌처럼 굳어진 것처럼 느껴졌다. 움직임도 생각도 멈춰 버린 나는 보고 듣고 기억해야 하는 것조차 허공에 흩어 버렸다. 그림을 그리면서 집안일을 하는 동안 매일 OTT에 나오는 미스터 트롯 프로그램만 반복해서 보고 들었고 웹툰과 웹소설만 눈 빠지게 보며 하루를 버텼다. 무인도에 고립된 인간 같은 나의 모습이 꼴 보기 싫었다. 아침에 눈 뜨기가 싫었다. 매일의 일상이 다를 게 없고, 살아내는 것이 너무 지루했다. 어떻게 살아야 하지? 하는 생각들로 머릿속은 점점 더 복잡해졌다. 당시 나를 들들 볶으며 못 살게 괴롭혔던 것 같다.

나는 당시에 왜 나 자신의 힘듦을 들여다보고 알아차리지 못했을까? 당시 나는 많이 불안했다. 끝나지 않을 것만 같은 코로나 시국에 나의 미래도 깜깜하게

만 느껴졌기 때문이다.

　　　　지금까지 나는 나의 삶 속에서 꿈을 포기하지 않고, 나의 길을 가려고 많이 노력했다. 그런데 내가 원하든 원하지 않든 어쩔 수 없는 재해가 나타나 나를 덮친다면 나는 길 위에서 멈춰 설 수밖에 없다. 생활인으로 살아가면서 작가로서 정체성을 가지고 자신의 작품 세계를 만들어 가는 것은 빨리 가는 시간조차 더디게 만드는 것 같다. 내 길을 가는 데, 더 많은 시간이 필요할 것 같다. 살면서 시시각각 변하는 환경과 나의 개인적 상황도 나의 길을 가는 데 발목을 잡기도 한다. 때로는 단순히 내가 게을러져서 쉬고 싶고, 놀고 싶고, 그만두고 싶어진다. 계속 내 탓이 아닌 남 탓을 하고 흐르는 시간을 탓하며 스스로 자존감에 점점 더 크게 상처를 내기도 한다. 그만큼 내가 가야 할 길은 어찌나 멀리 있는지 가늠이 안 되고, 그저 버겁게 느껴질 뿐이다.

　　　　과거에 괴로워했던 내가 남긴 생각의 흔적을 읽으며, 나 자신에게 괜찮다고 토닥이며 위로해 주고 싶다. 그럴 수도 있다고, 내가 잘못한 것이 아니라고. 지금도 멈춘 것이 아니라 천천히 가고 있는 중이니 괜찮다고. 당시에 나는 누구에게도 위로 받지 못해서 우울했던 것 같다. 당시에 나는 많이 지쳐 있었고, 불안하고, 외로웠던 것 같다. 그런데 나 자신조차 나를 알아 주지 않고, 나를 위로해 주지 못했다. 3년이 지난 지금 나는 과거의 나에게 미안하다고 사과하고 싶다. 미안해. 너를 위로하지 못해서.

흘러가는 대로

흘러가는 대로 놔두고 싶지 않았다. 버거운 삶의 무게에 짓눌려 버둥거리면서도 악착같이 원하는 것을 손에 넣으려고 노력했던 것 같다. 그런데 SNS뿐 아니라 주변의 잘 나가는 작가와 비교하게 되면 나는 또 작아진다. 나도 나름 열심히 애쓴 것 같은데, 왜 나만 제자리일까? 오히려 대세에 떠밀려 떠내려가지 않은 것을 다행으로 여겨야 하나? 그래도 노력한 결과 아직 제자리라도 지키고 있는 것에 감사해야 하는 걸까? 왜 나도 누구처럼 운이 좋아 잘 풀리지 않는 걸까? 하는 질투와 나를 향한 질책은 어느새 원망 섞인 한숨이 되어 터져 나온다. 그래서 흘러가는 대로 그냥 내버려 둘 수가 없다. 그냥 두면 나는 한없이 땅굴을 파고들어 저 아래 깊은 곳으로 꺼져 버릴지도 모르기 때문이다. 그런 부정적 한숨이 나의 정신을 좀먹고 힘들게 한다. 그 결과 긴장도 높은 불안과 우울감은 나의 사소한 성취조차도 코웃음 치게 하며, 전혀 감사하다고 느끼지 못하게 했다. 이성적으로는 모든 것에 감사하려고 하지만 쉽게 남들과 비교하는 마음이 드는 걸 보면 부족한 나 자신에게 또 실망하게 된다. '아직 한참 멀었어'라는 생각이 머리를 지배할 때면, 만성 두통이 온다. 그리고 이 모든 결과가 내 노력이 부족해서 생긴 것은 아닐까? 하는 자책이 내 맘을 두 배로 힘들게 한다. 부정의 부정은 더 강한 부정으로 자기 모멸감과 자포자기적 좌절을 가져온다. 나는 매일 내면에서 긍정과 부정에 대한 치열한 전쟁을 하고 있다.

어릴 때부터 어른들은 꿈을 크게 가지라고 말했다. 나 또한 꿈을 크게 가지고, 나는 꼭 크게 될 사람이라 굳게 믿으며, 손에 닿지 않는 저 높은 이상에 목표를 뒀다. 시련은 있겠지만 노력하면 언젠가 닿을 거라 믿었다. 그런데 너무 높은 목표는 작은 성취를 무시하게 했고, 늘 기대에 못 미치는 결과에 실망하게 했다. 처음에는 글을 쓰는 작가가 되고 싶었지만, 신춘문예의 문턱은 높기만 했다. 나중에는 그림을 그리면서 대학원을 졸업하고, 개인전을 여러 번 했어도 망망대해에 혼자 떠 있는 돛단배가 된 것 같았다. 끝나지 않을 자기 자신과의 투쟁을 계속하다 죽을 것 같아 항복의 의미로 흘러가는 대로 살아 보기도 했다. 그런데 흘러가는 대로 사는 것도 대단한 자신감과 자존감이 필요했다. 왜냐하면 막상 흘러가는 대로 살려고 하니 '이번 생은 그냥 내려놓은 건가?' 하는 의심이 먼저 들었기 때문이다. 그래서 나는 더 자신 있게 우기며 '흘러가는 대로 살아도 돼' 하고 크게 외치기도 했다.

흘러가는 대로 산다고 꿈을 포기하라는 말은 아니다. 그저 꿈을 향해 가는 과정에서 하루하루 즐거운 마음으로 항해하길 바랄 뿐이다. 무언가 큰 걸 기대하는 건 아니지만 내 작품을 매년 전시할 수 있는 것에, 글과 그림을 모아 책도 낼 수 있는 것에 감사해야 한다. 그림을 가르치는 것으로 돈을 벌 수 있음에 감사해야 한다. 그래도 20년 전의, 아니 더 훨씬 전 과거의 나에 비하면 내가 할 수 있는 일에 정말 놀라운 발전이 있는 게 아닐까? 하고 나 자신에게 격려와 칭찬을 해 주기로 했다. 이제는 남들의 눈, 남들의 기준, 남들의 평가에 신경 쓰지 않겠다고 또 다시 나를 향해 외쳐 본다. 매번 외치면서도 이 타령인 나 자신이 실망스럽지만 힘내라고 다시 파이팅을 외쳐 본다.

이제는 성공의 크기와 행복이 꼭 비례하지 않는다는 사실을 아는 나이다. 그래서 나도 성공보다 행복에 더 무게를 두기로 했다. 그리고 행복하기 위해 누군가에게 기대지 않기로 했다. 성공도 힘들지만 행복해지는 것도 힘들기 때문이다. 석가모니의 말씀처럼 삶 자체가 고행이다. 행복은 삶에서 처음부터 찾기 어려운 것인지도 모른다. 어쩌면 행복이란 관념적 상상속에서만 존재할 수도 있다. 그러므로 내가 할 수 있는 것은 나의 번뇌와 욕심을 내려놓는 것이다.

      장자는 행복한 삶을 위해 간소하고 만족스러운 마음가짐을 강조했다. 그는 자신의 욕망을 줄이고 자연의 흐름에 순응하며 살아가는 단순한 삶을 중요시했다. 흘러가는 대로 맛있는 것 먹으면서 내가 좋아하고 즐거워하는 일을 하고, 남과 비교하지 않고, 나 답게 그냥 살아내는 것이다.

고유한 속도

나는 고유한 속도로 나의 일을 열심히 하고 있는 자율적 비정규직이다. 일반 직장과 비교하면 복지도 실속도 없이 룸펜처럼 보일 수도 있다. 하지만 나는 스스로 나의 속도를 결정했다. 내가 가속하고 싶으면 엑셀을 밟을 수 있고, 속도를 늦추고 싶으면 브레이크를 밟을 수 있다. 온전히 내가 정한 고유한 속도로 나의 인생을 독립적으로 운행할 수 있다.

　　나는 아침에 미친 듯 소리치며 운동하는 것이 좋아서 오전 일은 하지 않는다. 비정규직 예술강사 계약직 수입은 나처럼 느슨하게 하면 미술 재료 사서 전시 준비하고 내 용돈으로 쓰기에도 부족하다. 하지만 특강으로 가끔 부족한 수입을 메운다. 정규 수업을 많이 하면 수입은 올라가겠지만 수업에 에너지를 다 써버리면 작품 할 시간이 부족해진다. 미술 수업을 시작한 것은 자립적으로 작품 활동을 지속하기 위한 자구책이었다. 내가 작가로서 스스로 경제적 독립이 가능하도록 예술교육 강의를 할 수 있다는 것은 정말 다행이다. 물론 그동안 예술교육 연구와 다양한 대상을 위한 미술 수업을 도전적으로 경험한 나의 지속적인 노력도 한 몫 했을 것이다. 혼자서 작업해야 하는 고립된 작가의 삶에서 강사 일은 사람들과 만나 세상과 소통하는 즐겁고 기쁜 일이다. 소통 속에서 나도 참여자들에게 세상의 지혜를 배우고 정보를 교환한다. 물론 소통의 어려움이 생기거나 수업 준비로 인해 힘들고 지친 적도 있었다. 하지만 결국 사람과의 소통을 통해 모든 힘듦을 잊게 된다.

작품 활동은 작가로서 내가 노력한 만큼 나에게 경제적 이득을 주지 못한다. 오히려 작품 활동에 필요한 지출을 더 많이 하게 될 때가 있다. 그러나 수업을 통한 수입은 내가 노력한 만큼 소득으로 얻을 수 있는 나의 정직한 수입원이 된다.

결국 내가 나의 고유 속도로 지금을 살 수 있게 된 것은 작가로서의 작품 활동과 예술강사로서의 미술 수업의 병행 덕분이었다. 한때는 정체성에 대한 심각한 고민에 빠져 심란한 적도 있었지만 나는 나에게 맞는 일을 나에게 맞는 속도로 선택해서 잘 가고 있는 것 같다.

고유한 자산

사람들은 각각의 고유한 자산을 가지고 있다. 금수저처럼 집안의 배경이든 타고난 미모든 노력하지 않아도 자산이 주어지는 사람이 있다. 그리고 타고난 자산과 재능은 부족하지만 자신이 가진 재능보다 나아지기 위해 무척 애를 쓰는 노력형인 사람도 있다. 한편, 특이하게도 부처님과 성인들처럼 타고난 고유의 자산은 엄청나지만, 모든 것을 버리고 스스로 파괴하여 완전히 새로운 세상을 창조하는 신이 되는 사람도 있다. 그러기 위해선 자신의 고유한 자산이 무엇인지 궁금해하고, 떠오르지 않으면 찾으려 애써야 한다.

내가 상속받은 고유한 자산은 무엇일까? 나의 재능 중에서 확실하게 부모님의 영향을 받은 것이 무엇인지 언뜻 떠오르지는 않는다. 그래서 나 스스로 나를 새로 만들어 내야만 했다. 맨땅에서부터 나의 길을 가야 하는 숙명을 타고난 노력형인지 모르겠다. 처음엔 나도 나의 길이 무엇인지 몰라 헤맸다. 그저 생존을 위해서 일을 한 적도 있고, 누군가를 따라가며 흉내를 내려고 한 적도 있다. 하지만 얼마 가지 못해 타인의 길 위에서 길을 잃기도 했다. 현재 나는 남들보다 돌고 돌아 나의 길을 가고 있다. 한때는 엉뚱한 길 위에서 많이 더듬거리며, 조심스럽게 발걸음을 뗀 적도 있고, 빨리 가려고 겁 없이 냅다 앞만 보고 달리는 경주마처럼 달린 적도 있다. 그렇게 내가 가진 것을, 스스로의 길을 발견하기까지 많은 시행착오가 있었다. 그러면서 나의 고유한 자산에 대해 더 생각해 보게 되었다.

    나의 자산은 독립적이면서 포기를 모르는 불굴의 의지력이 아닐까? 한때 나는 스스로 불도저로 명한 적이 있다. 일단 결정하고 나면 밀어붙이는 추진력은 정말 멈출 줄 모르는 불도저 같았다. 그래서 지금 이만큼 앞으로 나아갈 수 있었던 것 같다. 나의 이런 독립심과 강한 의지력은 내가 좋아했던 책 문구에서 더 명확하게 알 수 있었다.

    헤르만 헤세의 작품 중 하나인 『데미안』은 주인공 싱클레어의 성장 과정을 통해 스스로의 내면에 직면하고 그것을 극복함으로써 참된 자아를 찾아가는 여정을 보여준다. 여기서 명언 중 하나인 "새는 알에서 나오려고 투쟁한다. 알은 세계이다. 태어나려는 자는 하나의 세계를 깨뜨려야 한다."라는 문장을 발견했다. 이는 성장과 변화의 필요성을 강조하는 구절로 청소년기에 완전 꽂혔던 적이 있었다. 그리고 공지영 작가의 소설 제목인 "무소의 뿔처럼 혼자서 가라"에 반했던 적도 있다.

"무소의 뿔처럼 혼자서 가라"는 가장 오래된 불교 경전 숫타니파타에서 따온 말이다. 무소는 뿔이 하나인 코뿔소다. 경전에서는 홀로 서지 못해 고통받는 사람들에 빗대서 쓰는 말이다. "너는 그동안 홀로 서야 한다는 것을 배웠지만, 아직도 의존하려 하는구나." 다른 이에게 의존하려는 환상이 너를 계속 노예 상태에 남아 있게 하는 것이라고 말한다. 너에게 도움과 희망과 용기를 주는 사람들에게 의존하려 할 때, 너는 의존과 분리 속에서 길을 잃어버리게 된다고 말한다. 그들이 아무리 고귀한 사람이라 할지라도 말이다.

불도저, 데미안, 무소의 뿔은 전부 나 스스로 해야 하는 것이다. 누구도 대신해 줄 수 없고, 자신이 반드시 스스로 해야 한다. 그 누구에게도 의지하지 말고 홀로 해야 한다. 이 세상에서 의지할 진정한 동료와 친구를 찾기는 힘들다. 나쁜 친구와 동료는 나의 길을 잃게 만든다.

외롭지만 스스로 무소의 뿔처럼 혼자서 가야 한다.

가족의 애증

나에게 가족은 여전히 어렵다. 현재 나는 나의 원가족을 만나지 않는다. 서로가 서로를 원하지 않게 되면서 우리는 관계 맺기를 멈췄다. 이 절연의 상황까지 오는 동안 정말 오랜 시간 감정의 골이 깊어져 왔다. 처음에는 장녀인 나로서는 억울했다. 나는 정말 잘하고 싶었던 것뿐인데, 나의 의도는 왜곡되어 받아들여졌고, 나는 호구가 된 느낌이었다. 나는 살면서 지금까지 나의 욕구와 본능적인 감정에 따라 충실히 살지 못했다. 늘 어려운 가족에 대해 나의 욕구를 억누르며 살았다고 생각했다. "나는 장녀야." 하며. 그런데 지금 나와 가족과의 관계는 이 지경이 되어 버렸다. 속 시원할 수도 있는데, 어느 때보다 우울하기도 하다. 가족과 잘 지내려고 나름대로 인내하고 희생했다고 생각했는데, 결국 내 맘은 가족 어느 누구의 마음과도 연결되지 않았다. 도대체 왜 이렇게 끝까지 가 버린 걸까? 곱씹어 생각하면 결국 나는 나의 원가족에게 의존적 욕구를 끊임없이 갈구하고 있었던 것 같다. 그래서 이제는 누구의 책임을 따지고 싶지 않다. 결국은 나의 결핍이 이런 결과를 초래했기 때문이다.

평범한 가족이 나에겐 왜 이렇게 어려운 일일까? 결국 원가족과의 관계는 멈추었지만 나에겐 내 가족이 있고, 내가 살려면 나를 미워하기보다는 사랑하는 방법을 배워야 한다. 알지만 쉽지 않아 마치 나의 한계를 마주한 느낌이다. 가족의 화목을 말하며 부모 자식 간 효도를 강요하는 건 나에겐 맞지 않는 논리처럼 허망하게 들리고 불편하다. 불편해져서 어렵고, 내가 전부 틀린 것 같아 받아들이기 어렵다. 나도 나를 이해하지 못해서 외롭다. 누구에게도 쉽게 나의 원가족에 대한 얘기를 꺼내기도 어려울 것 같다. "그래도 동생이고 가족인데." 이런 말들이 나에게 상처가 되어 나를 할퀸다. 하지만 더 이상 버거운 내 마음의 소리를 외면할 수 없었다. 장녀로서 가족을 배려했지만 가족 구성원들은 나의 행동을 당연하게 받아들이는 것 같았다. 빈말처럼 들리는 "수진이뿐이지."라는 말은 그래서 더욱 부담이 되어 듣기 싫었다. 그리고 이왕 이렇게 된 거 내가 더 희생하지 않은 것에 대한 책망까지 들어야 했다. 가족 때문에 나도 많이 참았는데, 모든 안 좋은 결과는 결국 온전히 나의 책임으로 돌아온 것이다. 나는 필사적으로 가족에게서 벗어나야 했다. 스스로 바로 서야 하는데, 한동안은 나조차 이리저리 휘청거리며 중심을 잡지 못하고 있었다. 가족 때문에 마음이 너무 괴로울 때 장자의 철학을 접하며 가족과의 적절한 거리에 대해 깊이 공감하며 읽게 되었다.

장자는 가족 관계에서 지나치게 강한 애증을 피해야 한다고 강조했다. 그는 가족 사이에서 자유롭게 행동하고 서로의 존엄성을 인정하는 것이 중요하다고 주장했다. 너무 강한 애증은 개인의 자유를 제한하고 갈등을 초래할 수 있다고 했다. 그러므로 장자는 가족 내에서도 적절한 거리와 자유를 유지하는 것이 중요하다고 말했다.

나는 가족과 적절한 거리를 유지하지 못하고 완전히 궤도를 이탈해 버렸다. 그래서 나는 관계 맺기를 멈추고 나서 스스로 고요한 마음의 상태로 있기 위해 홀로 있으려고 애썼다. 온전히 홀로 있을 수는 없지만 관계의 갈등에서 벗어나 외부의 자극으로부터 최대한 멀어져 내적인 평화를 찾고 싶었다. 그저 내 삶을 온전히 나로서 살아가고 싶은 마음뿐이다.

어린 나는

방 안에 혼자 있을 때 텔레비전을 보며, 나는 실실 웃으며 편안하게 누워 있다. 그러다 지겨워지면 밖으로 나가 아이들이 있는 곳을 찾아 다닌다. 친구들을 못 찾고 혼자 돌아올 때면 담벼락 아래에 앉아 나뭇가지와 돌들로 흙바닥에 그림을 그린다. 그리고 지우고 다시 그리기를 반복하며 혼자만의 시간을 보냈다. 그러다 운 좋게 동네 아이들을 만나면 온종일 동네를 돌아다니며 탐험했다. 동네를 벗어나 조금 더 멀리 여행하기도 했다. 어린 나는 아이들과 함께 떼를 지어, 시골의 골목과 산과 들을 쏘다니며 낄낄거리고, 껄껄 웃으며 다녔다.

    어린 나에겐 목적이 없었다. 어린 나의 주변은 어수선했고, 어른들 때문에 몹시 피곤했다. 그래도 나는 즐거웠다. 항상 불행함 속에 있었던 것은 아니었다. 힘들어 하던 어린 나를 떠올리고 싶지 않아 어린 시절의 기억을 잊고 지냈는데, 돌아보니 혼자 있을 때도 아이들과 놀 때도 나는 즐겁게 잘 놀았던 것 같다. 노는 것이 그저 즐겁고 그리웠던 날들이 나에게 있었는데,

떠올려 꺼내지 않았다면 어린 나를 완전히 잊을 뻔했다. 낄낄거리며 껄껄 웃는 나를.

성인인 나는 다른 사람들과 있지만 혼자인 듯하다. 주변은 사람들로 북적거린다. 나는 진공 공간을 내 주변에 만들고 그 안에서 혼자 편안함을 느낀다. 그리고 나는 더 이상 목적 없이 놀지 않는다. 성인인 나는 노는 법을 잊고, 지금껏 잘 해 오고 있는 자신을 잊고, 나 자신뿐 아니라 이 세상을 향해 싸움만 걸고 있다. 도전이라는 이름으로.

몸의 시간

요즘 사람들은 모두 바빠 보인다. 나조차 타인들이 봤을 때 바빠 보인다고 한다. 그런데 실질적인 바쁨보다 마음의 바쁨이 더 큰 것 같다. 현재를 살지 못하고, 몸과 마음이 분리되어 하나가 되지 못하고 사는 것 같다. 몸은 현재에 있고, 머릿속은 아직 일어나지 않은 미래를 걱정하며 살고 있다. 그리고 내 몸에서 벌어지고 있는 일들에 대해 무관심한 채 엉뚱한 곳을 바라보며 헤매고 있다. 이렇게 관성적으로 살아가는 것에 익숙해지면 몸과 마음은 분리되고 주의 집중을 못하게 된다.

     몸은 시간과 공간을 만든다. 그래서 우리 몸이 현재 어디에 있고, 누구와 함께 있는지에 따라 위치에 따른 타인에 대한 태도와 관계의 깊이도 달라진다. 내가 언제 어디서 누구와 함께했는지에 따라 나의 몸과 마음의 상태는 달라진다. 그럼에도 불구하고 나의 몸은 현재에 있지만 나의 정신은 방황하듯 혼자 사막 위를 한참 걷고 온 듯한 피로감을 느낀다. 몸과 마음이 같지 않기에 몸은 피로해지고 정신은 무기력해진다. 더구나 별로 한 것도 없는 시간은 빠르게 가 버리고, 나의 의식에는 혼동이 온다. 아차 늦었구나? 하고 아쉬움과 후회만 가득한 채 말이다. 흘러간 시간은 계속해서 내가 했던 과거의 일들을 되돌아보게 한다. 마치 기계의 작동 여부를 점검하듯 나 자신을 계속 검사한다. 실시간으로 내가 쓸모 있는 인간임을 증명하는 것 같다. 늘 빡빡하게 짜여진 일상에서 미션 수행하듯 살아왔던 나는 아무것도 하지 않는 내가 무능력하게 느껴져 싫었다. 무엇이든 성과를 내고 싶었고, 결과를 만들어 만족할 수 있었으면 했다. 그래서 휴식기가 오거나 휴일이 길어지면 물론 좋지만 마음 한 구석은 불안했다. 왜냐하면 나는 원래 굉장히 게으른 사람이라는 것을 너무 잘 알기 때문이다. 그런데 지금은 이 게으름도 그냥 봐주고 싶다. 지금까지 내 몸과 마음이 얼마나 눈치를 보며 자기혐오에 치를 떨었나? 아무것도 하기 싫은 나 자신을 혼만 냈던 내가 얼마나 냉정했는지를 반성한다.

  내가 게으르다고 해서 나는 망하지 않았는데, 게으른 나를 싫어하는 내가 원망스럽다.

완결

완전하게 끝을 맺는 완결.

    소설이나 드라마는 언젠가 끝을 맺는 마지막 회가 있다. 완결 짓고 보니, 모두 만족스럽지 못할 수도 있지만 그래도 끝이 난 것에 번잡했던 마음이 정리되기도 한다. 그런데 현실에서의 내 인생은 언제쯤 어떤 사건들로 완결될 수 있을까? 죽지 않는 이상 내 인생은 완결 없는 현재 진행형이다. 그래서 살면서 출렁이듯 마음이 늘 불안한가 보다. 완결을 꿈꾸지만 나의 생각이나 감정은 계속해서 바뀌어 끝을 알 수 없는 미완성이다.

    완결을 꿈꾸지 않는 시간이 있었다면 어린 시절 12월의 크리스마스다. 과거에는 12월 한 달 내내 캐롤을 들을 수 있었다. 지금도 기분이 한없이 우울해지면 캐롤을 듣는다. 어린 시절 나는 교회를 다니고 있었는데, 교회에서 크리스마스를 위해 다 함께 연극 연습도 하고, 성탄절 당일에는 교인들의 집을 방문해 대문 앞에서 캐롤과 찬송가를 불렀다. 교인들이 노래 소리를 듣고 대문을 열고 나오면 인사를 나누고, 아이들에게 선물을 주거나 맛있는 간식을 주었다. 그렇게 12월 내내 우리는 캐롤과 찬송가를 부르며, 아이들과 함께 동네를 돌아다니며 즐거운 시간을 보냈다. 당시 형편이 어려웠던 시골 동네에서 부모님들은 먹고살기 위해 바빴고, 추운 12월에 아이들이 마음껏 놀 수 있었던 곳은 교회뿐이었다. 주말에는 무조건 교회에 가서 하루 종일 지냈다. 교회에 가면 한 주의 근심 걱정이 마법처럼 사라진다는 절대적 믿음이 있었다. 나는 지금 주말에 교회는 가지 않지만, 모든 종교를 포용하는 넓은 마음은 생겼다. 그리고 그때의 완결되지 않았으면 하는 유일한 행복을 전하기 위해 그림을 그리고 글을 쓰고 있다.

내 자리

내가 혼자 있고 싶을 때 혼자 온전히 있을 수 있는 곳, '내 자리'란 내가 안전하다고 느끼는 최소한의 공간이다.

    살면서 집은 늘 있었지만, 내 자리는 온전히 없었던 것 같다. 그래서 온전한 내 자리를 가지고 싶었다. 면적과 상관없이 나만의 공간에 대한 애착이 크다고 할 수 있다. 나의 자리에서 가급적 누구에게도 방해받지 않기를 바라며 안정감을 느낄 수 있는 최소한의 공간을 원했다. 가족이 있든 없든 내 공간만큼은 꼭 유지할 수 있기를 바랐다. 그런데 살면서 내 자리를 유지하고 싶어하는 애착이 클수록 불안은 더 커졌다. 그리고 층간 소음 때문에 절대적 공간에 대한 평화는 이미 깨졌다. 그래서 내 자리를 내 마음 안에 가지려고 명상을 시작했다.

    명상은 어렵다. 마음의 평화를 위해 시작했지만, 마음에 내 자리를 만드는 일은 물리적인 공간의 내 자리를 만드는 것만큼이나 어려웠다.

    현재 나는 작업실이 없다. 그래서 집에서 생활하면서 작업도 하고 있다. 아침에 운동을 하러 가거나

오후에 수업을 하러 가는 것을 제외하면 하루 종일 한 공간에서만 머문다. 출퇴근에 소요되는 귀찮음은 피할 수 있지만 개인적인 일상과 작업을 명확하게 분리하기 어려울 때가 많다. 잠자리에서 바로 일어나 작업을 할 수도 있지만 집중하기까지 시간이 필요하다. 그래서 오전에 운동을 갔다 오는 것으로 의도적으로 시간과 공간의 거리를 두지만, 어느새 생활과 작업의 흔적들은 뒤섞여 금세 뒤죽박죽이 되어 버리기도 한다. 그럼에도 불구하고 나는 집 안에 군건한 내 자리를 만들기 위해 고군분투 하고 있다. 집 안 인테리어도 바꿔 보고, 식물과 꽃도 가져와 키워 보고, 내가 좋아하는 것들로 집안을 꾸미며 애착 관계를 만들려고 애쓰고 있다. 언젠가는 금전적 여유가 생겨 물리적으로 나만의 작업실도 생겼으면 하고 간절히 바란다.

오늘 만나는 사람

누군가와의 만남은 나에게 많은 영향을 준다. 나의 인생도 누군가와의 만남을 통해 결정되는 일이 많았기 때문이다. 그림을 시작한 것도 결혼을 한 것도 예술강사를 하는 것도 현재까지 운동을 하고 있는 것도 오늘 만나는 사람들의 영향을 받은 것이다. 다행히 운이 좋아 나쁜 사람들을 만나지 않아 사기를 당하지도 않았고, 오히려 도움을 받았던 것 같다. 그리고 동문을 포함한 미술 작가들과 다양한 분야의 예술가와 예술강사들, 매일 아침 운동을 함께하는 동료들도 모두 오늘 만난 인연으로 만남을 지속하며 잘 지내고 있다.

특히 현재 아침 운동을 함께하는 인연들은 평일 주 5일의 만남으로 친구처럼 친근하게 느껴진다. 우리는 모두 방송댄스를 배우기 위해 모였다. 나이도 제각각이고, 배경도 정말 다양하다. 공통점은 에너지 넘치게 춤추며 운동하는 것을 좋아한다는 것이다. 그렇게 우리는 서로 품고 있는 정보와 에너지를 매일 나눈다. 각자가 가진 생활에 대한 노하우, 다양한 사회, 연예

이슈, 운동 정보, 주식 정보까지 지나가는 말로 가볍게 툭 던지듯 얘기를 나눈다. 혹은 같이 밥을 먹고, 시간이 나면 커피숍에 앉아 머리를 맞대고 심각하게 작당 모의를 하듯 속닥이기도 한다. 또 어느 때는 운동을 열심히 해야 한다는 불타는 의지가 모이면 서로 자극 받으며 근력 운동을 하기도 한다. 다 함께 운동하면서 나오는 밝은 에너지를 나누면 몸과 마음에 긍정적 영향을 미치는 것 같다. 그렇게 서로에게서 영향을 주고받으며, 고민이 있을 때도 적절한 상담을 받을 수 있다. 명절과 스승의 날, 할로윈 등 특별한 날에는 이벤트를 함께 계획하고 즐길 수 있다. 그렇게 아침 운동에서 만난 우리는 매일 다른 음악과 함께 이벤트를 만들고, 즐긴다.

개인적인 걱정거리가 생기고 우울할 때 운동을 하면서 웃고 떠들다 보면, 기분이 전환되어 무거운 근심도 조금은 가볍게 넘기며 힘듦을 버틸 수 있는 것 같다. 이렇게 아침 운동은 나에게 적절한 거리의 유연한 관계의 느슨한 연대로 오늘을 시작하는 일상의 기쁨을 준다. 나를 기분 좋게 자극해 주는 사람들과 상호 존중하며 편안함을 유지할 수 있는 지속적인 만남은 또 다른 낯선 만남도 기쁘게 맞이할 수 있는 넉넉한 마음을 가지게 해 준다. 우리의 인생은 오늘의 만남을 통해서 결정되는 것이 아주 많은데, 나에게 아침 운동은 몸도 단련시키지만 마음도 단단하게 만들어 주는 것 같다. 서로가 가진 욕구는 모두 다르지만 다양한 환경을 가진 인연과 나누는 일상의 소소한 대화는 나의 세상에서 너의 세상으로 넓어지는 놀라운 경험을 안겨 준다.

댄스

나는 신나는 음악과 함께 모두 어울려 배우는 방송댄스가 너무 좋다. 내 안에 가라앉은 감각이 태동하며, 구령과 함께 노래를 따라 부르고 춤을 출 때면 막혀 있던 숨구멍이 뚫린다.

트롯이 나오는 댄스는 동작이 쉽고, 노래 가사를 쉽고 흥겹게 따라 부를 수 있어 좋다. 아이돌 댄스를 배울 때는 요즘 인기 있는 아이돌은 누구인지, 노래와 의상 아이템이 무엇인지 새로운 유행에 대해 찾아 보고 알아 가는 재미가 있다. 아이돌 춤은 배울 때 어렵고, 외우는 것도 번거롭다. 마치 몸에 맞지 않은 옷을 입은 것처럼 어색하고, 폼도 나지 않는다. 하지만 안 될 것 같은 춤도 배우고 나면 '아, 나도 할 수 있구나' 하는 성취감과 함께 근거 없는 자신감도 생긴다.

방송댄스는 여러 사람과 함께하는 운동이기에 우여곡절도 많다. 함께해서 즐거운 운동이지만 함께하기에 갈등도 생긴다. 그래도 함께하는 즐거움을 빠른 시간에 알고 싶다면 방송댄스를 추천한다. 댄스는 중독

성 강한 집단 운동이기 때문이다.

코로나로 댄스를 할 수 없었을 때 우울감이 심해졌다. 그리고 코로나가 조금 완화되면서 최소 인원 제한에 의자 뺏기 게임과 같은 자리 경쟁도 있었지만 나는 아직도 방송댄스를 굳건히 배우고 있다.

운동은 자기와의 싸움이 기본이지만 방송댄스는 음악에 맞는 동작을 함께 배우는 기쁨이 자기 극복만큼이나 크다. 선생님에 대한 애정 욕구도 크게 작용해 회원들 간에 경쟁이 생기기도 한다. 그래서 간혹 댄스를 너무 말 많고 시끄럽고 기 센 여자들의 운동이라고 여겨 기피하는 사람들도 있다. 하지만 방송댄스에 한번 빠지면 누군가는 나처럼 절대 빠져나올 수 없는 짝사랑에 빠지게 될 것이다. 짝사랑은 시간이 지난 후에도 더욱 애틋하게 미화되어 기억된다. 방송댄스를 배워 보지 않았다면 여러분 한번 도전해 보세요.

댄스는 최고의 짝사랑입니다.

몸의 진화

새로 태어나기 위해 내 몸도 새로워지고 싶었다. 내 몸과 마음은 서로를 알고 있을까? 하는 호기심으로 올해 나는 근본적인 운동 계획을 세웠다. 운동은 결코 부분적인 근육 강화나 심폐 기능 향상이 전부가 아니며, 나의 호흡으로 하는 자연스런 숨에서 움직임이 나와야 한다는 생각이다.

그래서 '몸인학교' 주말반에서 주 1회 4시간 수업을 받을 계획이다. 처음 들어 보는 주제의 수업이지만 무용 전공자가 아니어도 신청이 가능하고, 지인 분의 추천도 있어 신청을 하게 되었다. 시간도 금전적인 부분도 조금 걱정스러웠지만, 몸과 마음이 하나가 되어 움직이고 싶어서 도전을 하기로 했다. 아직 시작 단계로 잘 모르지만 내 몸의 부드러운 움직임의 길을 찾는다고 한다. 운동의 기능 향상적인 목표보다는 자신의 움직임을 자각하는 것을 목표로 삼는다. 움직임의 연습과 접촉을 통해 부드러운 움직임의 길을 찾는다면 내 몸의 불편감과 통증을 완화하고 다양한 장애에 도움이 되며 운동 기능을 향상시키고 나아가 삶의 질이 향상될 것이라고 한다. 나는 아직 초보자라 교사가 나의 움직임을 만들기도 하고, 나의 움직임을 자각하게 해 준다. 그렇게 스스로 내 몸의 가동성을 확장하는 움직임 연습을 하고 있다. 몸인학교에서 몸의 움직임도 지속적인 연습이 필요하다는 것을 처음 알았다. 세상에 내가 모르는 것이 정말 많다는 것을 새삼 느끼면서 나는 또 다시 새로운 것을 공부하고 연습한다. 공자는 삶에서 몸의 움직임 연습이 중요하다고 말한 적이 있다. 그는 몸과 마음을 함께 다스리는 것이 중요하며, 몸을 건강하게 유지하고 활동적으로 유지하는 것이 지혜의 일부라고 여겼다.

    나의 몸과 마음이 하나가 된 주인으로서 나의 움직임, 마음, 생각, 삶이 어떻게 새롭게 변하게 될지 궁금하다.

에필로그

글을 마치며

이 글을 책으로 출판하는 것에 고민도 있었지만, 어떤 이유에서인지 이 책을 나에게 꼭 선물하고 싶었다.

베스트셀러가 될 거라는 생각은 하지 않는다. 다만 나와 같은 생각에 공감해 주기를 바라며, 사람들이 나보다 더 현명하고 행복해지길 바란다. 내가 살면서 굽이굽이 했던 고민들을 누군가는 좀 덜 힘들게 겪어 내며 자신의 길을 걸어가길 바라는 마음이다.

책을 출판하기로 결정하면서 2023년 12월 11일에 시작하여 2024년 2월 8일에 글쓰기를 마쳤다. 두 달을 꼬박 나의 일상에 귀 기울이며, 그날의 관심사와 떠오르는 생각들을 글로 썼다. 거창하지 않은 신변잡기적인 글 같기도 하고, 했던 말을 반복해서 쓴 것 같기도 하다. 그래도 당시는 내가 무슨 생각을 하고 있는지를 끊임없이 궁금해하며 나를 알기 위해 글을 썼던 것 같다. 이 글은 60일간의 내 일상의 기록이다.

나의 글은 내 마음의 소리로 나를 향해 하는 말이고, 스스로에게 하는 굳은 다짐의 말이다. 나약하고 불안한 나에게 스스로 확신을 주기 위한 말들이기 때문이다. 그렇지 않으면 나는 겁부터 먹고 아무것도 시작할 수 없을 것이다. 그래서 단순하게 앞뒤 재지 않고, 책을 내고 싶다면 최대한 먼저 실행하려 한 것이다. 그것이 나를 아는 가장 확실한 방법이기 때문이다.

　　나는 고갈되어 있었고, 이 결핍을 채우지 않으면 앞으로 나아갈 수 없을 것만 같았다. 그래서 지금까지 했던 작업과 다르게 나를 돌보며, 나를 위로하는 작업을 하고 싶었다. 이런 고민이 충분히 이루어진 이후에 그림을 그리고 싶었다. 60일간의 여정이 끝나며 나를 정확하게 규정하고 명확하게 알아내지는 못했지만 이런 불분명하고 부정확한 나를 글로 대면하면서 그림을 다시 그리고 싶어졌다.

　　그동안 쓴 글을 읽으면서 나는 나 자신을 방치했고, 아껴 주지 못했고, 사랑하지 못했음을 알게 되었다. 그래서 가슴이 아팠다. 늘 타인보다 나 자신에게 더 엄격했으며, 더 높은 기대치를 가지고 먼저 실망하기만 했다. 그렇게 누군가에게 인정받기 위해서만 태어난 것이 아닌데, 왜 나는 인정 욕구에 목을 매는 사람처럼 비쳐지는지? 나는 그저 작고 외로운 어린아이였다는 것을 알게 되었다. 이런 사실을 글로 적기까지 반백의 긴 시간이 걸렸다. 작품을 하면서 느끼는 감정을 간략하게 정리한 작가노트 안에서의 글과도 달랐다. 어질러진 내 마음 상태를 그대로 내보이는 것이었다. 그래서 몹시 부끄럽다. 하지만 이 글을 마친 지금은 새 작업이 몹시 하고 싶을 만큼 의욕이 생겼다. 청개구리처럼 비수기를 오로지 글쓰기로만 채우면서 그림에 대한 나의 갈증은 더욱 커졌고, 비워졌던 나의 창작의 열정과 에너지도 다시 채워졌다. 나는 단순히 글만 썼던 것이 아니었다는 것을 글을 다 쓰고 나서 알았다. 그래, 다시 그림이 그리고 싶어졌다면 그것으로 나의 글쓰기는 충분한 의미가 있었다. 그리고 앞으로 작품이 어떻게 나올지에 대한 기대감도 생겼다. 그림을 그릴 때 대략적인 계획은 있지만 완성하기까지 나조차 알 수 없다. 그래서 흥미진진하고, 질리지 않는다. 결국 나는 이 힘으로 지금껏 위로 받았는지 모르겠다.

    이 책을 읽는 분들에게 삶이 내 맘처럼 되지 않아 힘들다면 먼저 자신을 돌보라고 얘기해 주고 싶다.

부록

안수진, 〈매달린 그림〉, 2024, Oil pastels on canvas, 72.7×60.6cm

안수진, 〈연인〉, 2024, Oil pastels on canvas, 72.7×60.6cm

안수진, 〈광대〉, 2024, Oil pastels on canvas, 72.7×60.6cm

안수진, 〈자기애〉, 2024, Oil pastels on canvas, 72.7×60.6cm

안수진, 〈악마〉, 2024, Oil pastels on canvas, 72.7×60.6cm

안수진, 〈은둔자〉, 2024, Oil pastels on canvas, 72.7×60.6cm

안수진, 〈세계〉, 2024, Oil pastels on canvas, 72.7×60.6cm

안수진, 〈여사제〉, 2024, Oil pastels on canvas, 72.7×60.6cm